U0041909

「探險與旅行經典文庫」

003

詹宏志
策畫／選書／導讀

編輯前言

探險家的事業

探險家的事業並不是從哥倫布（Christopher Columbus, 1451-1506）才開始的，至少，早在哥倫布向西航行一千多年前，中國的大探險家法顯（319-414）就已經完成了一項轟轟烈烈的壯舉，書上記載說：「法顯發長安，六年到中國（編按：指今日的中印度），停六年，還三年，達青州，凡所遊歷，減三十國。」法顯旅行中所克服的困難並不比後代探險家稍有遜色，我們看他留下的「度沙河」（穿越戈壁沙漠）記錄說：「沙河中多有惡鬼熱風，遇則皆死，無一全者；上無飛鳥，下無走獸，遍望極目，欲求度處，則莫知所擬，唯以死人枯骨爲標識耳。」這個記載，又與一千五百年後瑞典探險家斯文・赫定（Sven Hedin, 1865-1952）穿越戈壁的紀錄何其相似？從法顯，到玄奘，再到鄭和，探險旅行的大行動，本來中國人是不遑多讓的。

有意思的是，中國歷史上的探險旅行，多半是帶回知識與文化，改變了「自己」；但近代西方探險旅行卻是輸出了殖民和帝國，改變了「別人」。（中國歷史不能說沒有這樣的例子，也許班超的「武裝使節團」就是一路結盟一路打，霸權行徑近乎近代的帝國主義。）何以中西探險文化態度有此根本差異，應該是旅行史上一個有趣的題目。

哥倫布以降的近代探險旅行（所謂的「大發現」），是「強國」的事業，華人不與焉。使得一個對世界知識高速進步的時代，我們瞠乎其後；過去幾百年間，西方探險英雄行走八方，留下的「探險文獻」波瀾壯闊，我們徒然在這個「大行動」裡，成了靜態的「被觀看者」，無力起而觀看別人。又因爲這「被觀看」的地位，讓我們在閱讀那些「發現者」的描述文章時，並不完全感到舒適（他們所說的蠻荒，有時就是我們的家鄉）；現在，通過知識家的解構努力，我們終於知道使我們不舒適的其中一個解釋，就是薩依德（Edward W. Said）所說的「東方幻想」（Orientalism）。這可能是過去百年來，中文世界對「西方探險經典」譯介工作並不熱衷的原因吧？或者是因爲透過異文化的眼睛，我們也看到頹唐的自己，情何以堪吧？

編輯人的志業

這當然是一個巨大的損失，探險文化是西方文化的重大內容；不了解近兩百年的探險經典，就不容易體會西方文化中闖入、突破、征服的內在特質。而近兩百年的探險行動，也的確是人類活動中最精彩、最富戲劇性的一幕；當旅行被逼到極限時，許多人的能力、品性，都將以另種方式呈現，那個時候，我們也才知道，人的鄙下和高貴可以伸展到什麼地步。

西方的旅行文學也不只是穿破、征服這一條路線，另一個在異文化觀照下逐步認識自己的「旅行文學」傳統，也是使我們值得重新認識西方旅行文學的理由。也許可以從金雷克（Alexander W. Kinglake, 1809-1891）的《日昇之處》（*Eothen*, 1844）開始起算，標示著一種謙卑觀看別人，悄悄了解自己的旅行文學的進展。這個傳統，一直也藏在某些品質獨特的旅行家身上，譬如流浪於阿拉伯沙漠，寫下不朽的《古沙國遊記》（Travels in the Arabia Deserta, 1888）的旅行家查爾士・道諦（Charles Doughty, 1843-1926），就是一位向沙漠民族學習的人。而當代的旅行探險家，更是深受這個傳統影響，「新的旅行家像是一個來去孤單的影子，對旅行地沒有重量，也不留下影響。大部分的旅行內容發生在內在，不發生在外部。現代旅行文學比起歷史上任何時刻都深刻而豐富，因爲積累已厚，了解遂深，載諸文字也就漸漸脫離了獵奇采風，進入意蘊無窮之境。」這些話，我已經說過了。

現在，被觀看者的苦楚情勢已變，輪到我們要去觀看別人了。且慢，在我們出發之前，我們知道過去那些鑿空探險的人曾經想過什麼嗎？我們知道那些善於行走、善於反省的旅行家們說過什麼嗎？現在，是輪到我們閱讀、我們思考、我們書寫的時候。

在這樣的時候，是不是「探險與旅行經典」的工作已經成熟？是不是該有人把他讀了二十年的書整理出一條線索，就像前面的探險者爲後來者畫地圖一樣？通過這個工作，一方面是知識，一方面是樂趣，讓我們都得以按圖索驥，安然穿越大漠？

這當然是填補過去中文出版空白的工作，它的前驅性格也勢必帶來爭議。好在前行的編輯者已爲我做好心理建設。旅行家艾瑞克・紐比（Eric Newby, 1919-）在編《旅行家故事集》（*A Book of Travellers' Tales*, 1985）時，就轉引別人的話說：「別退卻，別解釋，把事做成，笑吠由他。」（Never retreat. Never explain. Get it done and let them howl.）

這千萬字的編輯工作又何其漫長，我們必須擁有在大海上漂流的決心、堅信和堅忍，才能有一天重見陸地。讓我們每天都持續工作，一如哥倫布的航海日記所記：「今天我們繼續航行，方向西南西。」

導讀

專業探險的起點

讀李察・柏德的《獨自一人》

詹宏志

失去的淨土

如果你是對南極探險歷史略帶興趣的人，極可能對南極探險英雄之一：英國人羅伯・史考特(Robert Falcon Scott, 1868-1912)悲劇的傳奇故事早有所悉；他在角逐率先到達南極的競賽中，意外地輸給了挪威探險家洛爾德・阿蒙森(Roald Amundsen, 1872-1928)，成了歷史上令人浩歎的「第二名」，他的隊伍卻又在回程中遇上大雪暴，因而悲劇性地葬身於南極大地，讓當時全世界同聲惋惜。如今，前往南極旅行不再是那麼英勇悲壯，你知道嗎？到南極去旅行現在也有導遊手冊(Travel Guide)相伴，以出版自助旅遊書籍著名的澳洲出版社「寂寞星球」(Lonely Planet)，就出版了厚達三百七十頁的自助旅行導遊書《南極》(*Antarctica*, 1996)一種，詳述前往南極觀光的種種資料與要訣，甚至包括如何「搭便船」(Hitching a ride)、殘障人士如何上南極、以及買些什麼南極紀念品之類的各類導引。南極，曾經是探險英雄成名或葬身之地，現在，來自世界各地有錢的觀光客也都能染指這最後的白色淨土了。

你要怎麼樣才能去南極旅行呢？最常見的是搭乘破冰船(Icebreaker)式的遊輪前往。我手邊正有澳洲一家旅行社寄來的彩色精美旅遊型錄，詳述公元二千年的各種南極套裝行程，譬如在一個十天的南極行程裡，你乘俄籍破冰船「赫勒布尼可夫船長號」(Kapitan Khebnikov)自澳洲塔斯曼尼亞的荷巴特(Hobart)港出發，經南海通過南極圈轉入羅斯海(Ross Sea)，再乘摩托橡皮艇(所謂的Zodiac)登上南極的羅斯冰棚(Ross Ice Shelf)；這幾乎就是當年史考特駛抵南極大陸的航程，只是他接下來的足蹤就不是凡夫俗子所能承擔的了。你可能要問我，爲什麼南極觀光幾乎都是俄籍破冰船？原來是前蘇聯瓦解之後，俄羅斯海軍大量的破冰船不得不改裝爲旅遊船，出來賺取外匯；一個共產國家的崩盤，竟造就了興盛的南極觀光事業，這眞是人世間奇妙的事。

南極觀光的基地並不限於澳洲，也有船隻自南非開普敦(Cape Town)出發；但更多的船隻自智利最南端的烏蘇艾亞(Ushuaia)開出，因爲它地處最南，駛往南極大陸相對最近，這是唯一能提供南極七日遊的地方，對假日比金錢更困難的現代觀光客來說，這個行程長度或許是更好的選擇。最近爲南極之旅寫書(《南方以南、沙中之沙》)的詩人作家羅智成，他的「前進基地」也正是這個南美洲陸地盡頭的港口。

南極觀光也不限於搭船，飛機旅行的機會也是有的。澳洲航空公司(Qantas)就提供了一種十二小時的不落地飛行航程，讓你可以從空中一覽白色大陸的美景；飛機用的是波音747-400的機型，飛越南極的冰河、冰山時，駕駛員放慢速度，飛行高度也有時低至三千公尺，爲的是讓乘客覺得值回票價。另一家航空公司「Adventure Network International」

(ANI，俗稱「南極航空公司」)則眞正提供落地的南極內陸之旅，從一九八五年營運以來，ANI已經運送了超過兩百位探險旅行者登上南極最高峰文生．馬錫夫山(Vinson Massif，4897公尺)。這些登山者爲什麼要登這座山?在登山界有所謂的「七高峰俱樂部」(Seven Summits Club)，指的是那些把七個大陸的最高峰都爬過的人，文生山並不是最難(喜瑪拉雅山的聖母峰可能最難)，但地處最偏遠的大陸，反而不容易完成。

飛行的年代

但改裝成遊輪的破冰船或者裝著滑行雪橇的新型飛機，某種意義底下也破壞了眞實的人與大自然公平對抗；南極大陸被輕易擊敗了，甚至被帶著可樂罐的喧嘩觀光客玷污了。這不禁讓人懷念起南極的探險時代，那時候，人類還沒有足夠的工具和器械，可以輕易對付南極；尋找適當的工具，還是南極探險的重要智慧，譬如阿蒙森用狗，史考特用馬，世人事後評論，史考特顯然輸在工具的選擇。而曾被困在南極長達兩年的沙克爾頓(Ernest H. Shackleton, 1874-1922)則是嘗試各種機械，他是第一位相信動力車輛在南極可行的人。沙克爾頓是另一位南極探險的悲劇英雄，他終身努力想抵達極心，也是南極探險一位最具開創性的人物，但時運不濟，沒有一次能夠成功。第一次世界大戰期間，歐洲壁壘分明，他和他的「堅忍號」(Endurance)船員卻正被困在南極雪地，被救出之後，「乃不知有漢，遑論魏晉」，還頻頻詢問別人戰事勝負如何。

沙克爾頓之後，南極探險沉寂了一陣，然後出現了極地探險新工具，也就是在一次大戰初露頭角的飛機，而這當中又有一位開創性的英雄人物，就是他，展開了使用機械交通工具作爲「專家式探險」的新頁。這位人物就是美國著名的極地探險英雄：李察・柏德(Richard E. Byrd, 1888-1957)。

李察・柏德駕駛飛機抵達北極極點的時候是一九二六年的五月九日，這是史上第一位「飛」抵北極的人；而李察・柏德第一次駕機抵達南極極心是在一九二九年的十一月二十八日，這也是史上第一位「飛」抵南極的人。兩個經驗加起來，他當然也是歷史上第一位同時到達北極與南極的幸運兒。不過兩次他都不是眞正的「獨自一人」，到達北極時的行程他有一位飛行同伴，而到達南極的時候柏德則另有三位夥伴。

我們今天習慣巨型飛機、壓力艙、和冷暖空調等飛行經驗的人，可能已經忘記二〇年代的飛機還很「陽春」，它的結構比今天的摩托車強壯不到那裡去；如果你騎著「摩托車」要上北極和南極，你可以想見其艱辛和危險。事實上，眞正利用機械動力從路面到達極心，一直還要等到三十年後的一九五八年，由維維安・傅克斯(Vivian Fuchs, 1908-)和第一位登上喜瑪拉雅山的紐西蘭人艾德蒙・希拉瑞(Edmund Hillary, 1919-)等大批人馬才算是完成，從此南極就是人類與工具的控制之地了。我手邊有一本寫於一九二七年《兩極區域誌》中譯本(商務一九六七台一版，作者爲R. N. Rudmose Brown)，書中就認爲在南極使用機械將危及探險者，主要是機械的故障無可避免，它說：「一用機械，即含有若干危險性，爲預料所難周。如斯以往，則失敗之機會必增，成功之機會必減，宜乎往南極大陸探險者之踟躇不前也。」這反應了在柏德成功以前，世人對飛機或其他器械極地探險的存疑態度。

二〇年代，飛機剛剛在第一次世界大戰中證明它不是異想天開的玩具，而是一個掌握天空的未來；想在天空中創造新紀錄與新經驗的新英雄正風起雲湧，其中當時最具偶像風采的人物，莫過於美國的飛行探險英雄人物林白(Charles A. Lindbergh, 1902-1974)。世所周知，他是歷史上第一位駕機飛越大西洋的人，這項冒險也爲未來的全球化飛行時代揭開了序幕；但世人未必注意到歷史上的「第二名」，事實上第二位飛越大西洋的人物就是柏德，他只比林白晚了幾天。但他的世俗聲名幾乎全建立在他的極地探險之上，也是經由他，才證明了這種年輕的飛行機械用於極地是可能的。

柏德另一個偉大的成就，是他對南極「科學化」探險的追求。柏德不以浪漫的個人探險爲滿足，他更孜孜不倦對南極組織科學研究計畫，事實上，超過三分之二的南極測量與地圖繪製是經過柏德而完成的。當年(1934)賽克斯爵士(Sir Percy Sykes)寫《探險史》

時，寫到南極探險結束就說：「如果說，冒險探險家的時代已經接近過去，那麼，專家探險者(specialist explorer)的黎明應該才剛剛開始。」的確，柏德就是這種意義底下的探險家，也正是經由他，專家探險者的新時代任務才正式展開。

柏德寫《獨自一人》(*Alone*, 1938)時，他的兩次首先抵達北極、南極的壯舉已經完成，他已經邁入「專家探險」的階段。在一九三四年的南極冬天(三月到八月)，柏德在南極的「博林前進基地」(Bolling Advance Base)獨自一人待了五個月，這是突破性的創舉。他面臨的日常溫度約在攝氏零下五十度到六十度之間，更兩度面對疾病與一氧化碳中毒，但他不改其志，創造了一個前所未有獨自在南極過冬的奇特經歷。

《獨自一人》寫的就是一九三四年冬天的故事，寫他自己的心境、經驗與歷程，在探險史上，這可能都是最孤獨的一個景觀。在柏德的筆下，一個無止境的雪景和一個寂靜無聲的世界，讓我們看見探險世界一種遺世獨立的境界，這也只有閱讀探險者的故事才能獲得的另一種洗禮吧。

序文

此情非關風與月

本書是個人經驗實錄，正因爲太個人了，是以延宕了四年遲遲未能執筆。本書跟我以前所寫的東西截然不同。前幾本書是據實客觀陳述個人探險及其艱辛歷程，本書則是相當主觀的體驗報導，而且書未成稿，筆者已堪堪命喪黃泉。正由於箇中辛酸苦楚難以言喻，而將這些事隱忍不提又是人之常情，教我如何既要縷述「前進基地」（Advance Base），又能免於不當地流露個人感情。再者，待在南緯八〇度八分極地的舊創久久未癒，深深密密地藏在我的記憶中，我很懷疑自己能否以超然態度處理。

但一干朋友卻不讓我對此事封筆不動，所到之處總有人殷殷垂詢。終於，一九三七年十二月的一天晚上，我跟幾位朋友在紐約聚首時，他們都勸我趁記憶猶新，將所經歷的事實筆之於書。我雖答應，但總有幾分勉強。

我已預見，只要一動筆，惱人的難題便會接踵而來。其一，我知道如此一來，不得不揭開心頭舊創，重溫「前進基地」的一些苦楚時光；其二，我覺悟到，我談論個人私事的方式必然會惹嫌招怨。然而在好友熱心和出版商催促的鼓舞下，我拋開疑慮，答應動筆。

一開始動筆便證實我先前的疑慮並非杞人憂天。的確，我數度有擱筆之念，而且若是有冠冕堂皇的理由的話，我早就完全放棄了。因爲此情不關風與月，且有許多層面純屬所謂的自尊心，實不足爲外人道。儘管如此，我還是有始有終，而這本書所呈現的正是有關我自己，以及在那段期間內我所經歷的實態。

我原打算利用日記作爲本書的素材，但因記述瑣碎，加上卷帙浩繁，我很快就發現，單憑日記本無論在時序或份量上都難以卒讀。日記中不可避免的充滿重複的事物、只對我自己才有意義的指涉、零星瑣事，以及一些不宜列入書中的家庭私事。因此書中雖有不少章節摘錄自日記，但都是在自覺有助於闡述時爲之，行文時並不刻意表明所用的某一天日記究係全文，抑或是斷章取義；筆者實不欲令書中充斥自傳式的結構，不過日記及個人對極地氣象形態所作的札記、行事曆和零散的報紙，倒也不失爲重燃記憶的絕佳工具。

如今，《獨自一人》一書終於付梓；然而若非許多人殷切支持，恐無人能竟此全功。這拳拳情意正是整個體驗中的一件賞心樂事，特別是我從「前進基地」歸來之後，仍留在「小美洲」（Little America）盡心盡力以減輕我領導重任的五十五人，他們的這種支持尤爲可感。我的老船友喬治・諾維爾（George Noville）執行官，在我們抵達紐西蘭之前對我關懷備至，筆者願藉此書以誌其隆情高誼。

李察・柏德　寫於麻薩諸塞州波士頓市

一九三八年十月

獨自一人　南極洲歷險記　目錄

四月

五月

六月

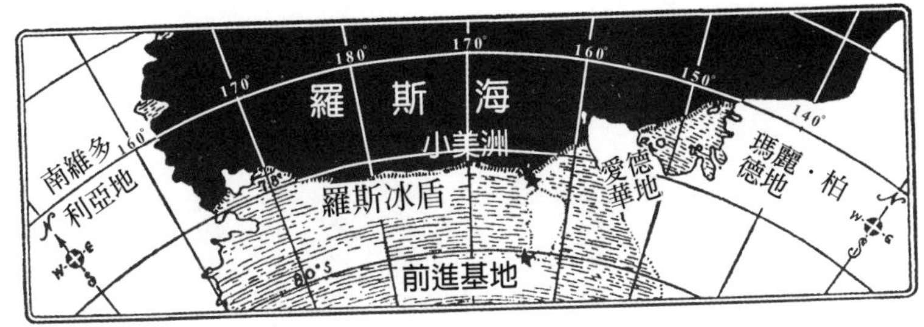

一九三三年 體驗另類孤獨

此行始料未及的是，我體悟禍福無常，一個人如何瀕死未死，如何不願就此一死。……更令人驚訝的是，它已貼近一般人不甚了解或不太篤定的開悟境界。

一九三四年南極的冬夜，我獨自操持的「博林前進氣象基地」（Bolling Advance Weather Base），座落在廣袤的羅斯冰盾（Ross Ice Barrier，一譯羅斯冰障——譯注）上，介於「小美洲」（美國在南極洲的主要基地。位於凱南灣附近，羅斯冰棚東北緣。一九二八年最先成為柏德南極探險隊的總部所在地——譯注）和南極之間，乃是地球最南端大陸上第一座內陸觀察站。我決定在那兒過冬，箇中艱辛不是在「小美洲」的一些人所能想像的。原先的計畫是在基地配置數人，但不久便發覺全然不可行，結果我只能在完全放棄基地和科學觀察任務或獨自操作中擇其一。我實在不願放棄。

首先必須聲明的是，在迄今仍杳無人跡的南極內陸觀察氣候和極光，除了確有實質價值，以及我對這些研究也有興趣外，其實我是純為體驗而去。因此這動機可說有點私心，表面看來似乎除了觀察氣候和極光的工作之外，個人沒有什麼大不了的目的。完全不是這回事。而是一介凡夫渴望徹底了解那種體驗，也就是暫時離群索居以品味安詳和寧靜，在長期的孤獨中玩索箇中滋味。

就是這麼簡單。我相信，為現代生活的繁雜所苦的人，必然會心有戚戚焉。我們陷入從四面八方吹來的狂風中，而在這喧囂擾攘中，有識之士不免思忖：我將被吹往何處，於是便渴望有個安靜之地，可以不受干擾地思考和釐清自己。也許有人認為，我太誇大了人偶爾有離群索居的需求，我倒不以為然——至少我可以為自己發言，因為我往往要比一般人花更多時間，才能理出個頭緒。這麼說並不是影射在前往「前進基地」之前，我的私生活過得不是挺如意，事實上我過得很快樂，幾乎已超越我所能期望的。然而當時雜事的確紛沓而至。近十四年來，各式探險活動一個接一個占據了我的時間和思緒，幾乎將其他的事都排除在外了：一九一九年，海軍橫渡大西洋飛行；一九二五年，格陵蘭（Greenland）；一九二六年，北極；一九二七年，大西洋；一九二八至三〇年，南極；一九三三至三五年，重回南極洲。探險活動的間隔期間也不得閒。探險尚未結束，我已著手張羅下一次探險，同時還得奔走全國各地演講，藉以維持生計和支付剛完成的探險活動的債務；或是栖栖遑遑籌措下一次探險的經費和裝備。

各位也許會以爲，一個以進出偏遠地區爲生活的人應該不會特別需要寧靜。有此想法的人想必對探險所知不多。探險家絕大部分時間處於擁塞和喧囂的環境中，而且往往跟時間在賽跑。只要探險家不是富甲一方，只要探險本身所面對的是不確定的狀況，情形莫不大同小異。無疑地，世人都以爲到得了南極或北極就是好事。成千上萬的人爲了一探南北極而奉獻畢生最美好的時光，也有很多人中途喪命，但我很懷疑，在極少數眞正抵達南北緯九〇度的人裡面，是否有人認爲極地風光眞是那麼令人振奮。可看之物少得可憐：在地球的一端，是蒼茫浩瀚大海中央微小的一點，而在地球的另一端，同樣是寒風凜冽，廣袤冰原中間虛構的一點。不一定要到極地才算數，更重要的是在途中所學到的科學價值，到了極地而能全身而返，則是附加價值。

我到過兩極。說起來，這已是公認令人滿意的成就，廣義來說也的確如此——我之所以能號召一般大眾支援我個人興趣所在的全面性科學計畫，所憑的就是「極地」兩字。我家人所保有的剪貼簿越積越厚，而剪報上所報導的全是好事。對我這種行業的人來說，這些有形的成就，加上各界的善心美意，便形成了有形的資產。但我必須指出的是，有識之士如保守的會計師之輩，對後者的估價鮮有超過一美元的。

不過我個人非但少有眞正的成就感，反而在評量得失後悵然若失。這種感受主要因爲有些事雖然微不足道，但沒有去做卻令人感到悔憾，書籍就是其中之一。我一直告訴自己要讀的書不一而足，一旦眞正想去讀時，不是沒時間，就是沒耐性。音樂亦然。我愛音樂，這是一種難以言喻的需要，但卻苦無意志或機會去打斷多數人珍視爲「生存」的日常作息偷閒聆賞一番。

其他的事物，諸如我所知無多或毫無所悉的新理念、概念和發展等，莫不如此。生活方式似乎受到侷限。也許有人會問：爲什麼不把這些東西帶進生活裡？何苦爲了圖個清靜而遠走異地，獨自置身於極地的荒寒闇漠中？畢竟，徜徉於紐約第五大道的陌生人，孤寂之情也許跟浪跡沙漠的旅人無分軒輊。這些我都同意，但我必須指出一點：流連於熟諳的習慣和緊急境況的人，難以奢望擁有徹底的自由，更遑論像我這般工作的人，必須拋頭露面尋求支援，並對自己的工作隨時提出說明。我們的文明確實已演繹出一套保護個人隱私的絕佳制度，但生活在眾目睽睽之下的人卻不在保護之列。

我所要的不只是地理意涵的隱私。我希望深入裨益人心的哲理，而隨著「前進基地」周遭環境的變化，我發現這裡是個機會。在南極冰盾之上，在宛如地質更新世（Pleistocene，約爲距今一百六十萬年前——譯注）的荒寒闇漠中，我應該有時間研讀、思索和聽聽留聲機；而且在約莫七個月的時間裡，遠離塵囂，只剩下最單純的消遣，我應該可以率性生活。除了寒風、暗夜和酷寒所加諸的需要外，毋需仰人顏色；除了服膺自己的準繩外，毋庸屈從他人的律法。

我是抱持這種看法。也許不止於此，事隔多時我已不太確定，或許我心中也有嘗試更波瀾壯闊生活的慾望。我成年後的生活大部分是在航行，而從事飛行的人一旦降落命運便已注定。在航行和探險間發生衝突時，通常是間接出現，而多數已因管理機制之便逐漸淡化及化解，當衝突必須作最後裁決時，往往是幾小時，乃至幾分或幾秒鐘，便可迎刃而解。我要前去的地方，在身心兩方面應該都可以依靠自己的力量。因爲「前進基地」座落之處的情況，與前次冰河紀（Ice Age）時第一批人類在曙光微明中摸索前行的光景並無太大不同。

南極危機四伏眾所皆知，但就當時我們所知道的，風險並沒有大到無法承受的程度，否則身爲極地探險隊隊長、背負率領大隊人馬重責大任的我是不會去的。結果，我幾乎命喪極地，證明我當初的估計有誤。然而我並不後悔走這一趟。因為我總算看了書，雖然數量沒有原先期待的那麼多；我也聽了留聲唱片，雖然只是平添傷感；我也沉思冥想，雖然結果不如預期地那麼愉悅。這些都是很好的體驗，而且是我個人的體驗。此行始料未及的是，我體悟禍福無常，一個人如何瀕死未死，如何不願就此一死。這也是我個人極珍貴的體驗，因為這種體驗在評斷緩急和人際關係上的助益，遠非他種經驗所能比擬；更令人驚訝的是，它已貼近一般人不甚了解或不太篤定的開悟境界。

獨踞基地招致誤解

我抱著這種心情出發，因為有部分人士對我獨踞「前進基地」的理由有所誤解。的確，有些人質疑我是否有權利這麼做。本來，「自反而縮，雖千萬人吾往矣」，別人怎麼想應該不是太大問題，其實不然，我發現，別人在報紙頭條上大放厥辭，偶爾還是小有關係。一旦上了頭條，你便會赫然發覺真相不只一個，而是兩個：一是你從事實中得知的真相，一是大眾或高度想像的大眾習焉不察的真相。真正參與其事的當事者往往聽不到第二種真相，倒是周邊的親朋好友聽得真切。我剛好是數則有關「前進基地」流言的當事人；天知道還有多少蜚短流長，但這些幾乎都是未經證實的傳言。其一是我被自己的手下放逐，另有一個傳言是我遠走異域是爲了避人耳目，痛快喝酒。若在往日，這些傳言定會令我震驚莫名，甚至雷霆大怒。現在不會了。

有一則可能使我躊躇的批評，已由我探險隊的朋友查爾斯．墨菲（Charles J. V. Murphy）化解。我啓程前往「前進基地」之前，請他和副隊長湯瑪士．波爾特博士（Thomas C. Poulter）會同代爲處理我的事。直到一切確實安頓下來了，我才以無線電將個人獨踞「前進基地」的聲明傳回美國，聲明中只簡單地說，我想去，於是就去了。我的朋友接到消息後反應不一。之後的四十八個小時，難以數計的無線電報湧到「小美洲」，其中大部分是發自素爲我所敬重的有識之士，揆諸他們的立場，我必須說，他們所言極爲公允。不過在深表同意之餘，有三個疑惑，或者說有三點是我斷難苟同的。他們幾乎以命令口吻敦促我三思，說我此行對自己固然肯定會不得善終，對「小美洲」那群龍無首的五十五人，可能也會有不測後果。某大地理學會的會長警告說，若是「小美洲」於我不在期間出了任何差錯，那麼將使我令譽蒙塵，而且比當年諾拜爾（Umberto Nobile，一八八五～一九七八，義大利飛行員——譯注）不待手下脫身便先行離開損毀的飛船更爲嚴重。有位銀行家朋友更坦言，我的想法純屬鹵莽任性，結果必然是：若剛愎自用則必有不測後果，但若爲逃避後果而撤消決定，則無異自取其辱。

這些直接轉給我的電文，都交給了查爾斯．墨菲。冬夜將臨，寒氣日甚，他本已焦頭爛額，又得爲我的事煩心。他知道我和美國的這些人情誼深厚，因此，他給每個人的回電都說，我此行別有深意；拖拉車已由「前進基地」返回「小美洲」，若再折返對別人恐怕會帶來相當的危險；他認爲，我已鐵了心，決計不會回頭；以及，由於我的心理負擔已經十分沉重，是以有關我惹得一干好友驚惶失措的事，他無意以無線電通知我，以免治絲益棼。因此，這些電文到了「小美洲」就存檔，等我十月回來再作打算。結果我回來時已是三月，中間隔著暗寞淒寒的六個月。

當然，這些事當時我全然不知。也幸好如此，否則我畢竟還是個凡夫俗子，至少不想被朋友誤會——我還沒這麼大牌。墨菲透過無線電和我通話的時候，始終開朗歡悅，絕口不提發生什麼事；再者，我不想知道這些事，因此也一直沒問我這些朋友有何感想。當然我早料到必然會有些批評，但我已破釜沉舟，除了繼續前行別無他法。至於墨菲倘若把這些電文轉給我，我是否會回心轉意，就不是我所願意回答的，否則就是愚不可及。後見之明往往可杜撰出種種代償和動機論，如今我重提舊事，唯一的用意只在表明在「前進基地」確有若干誤解，以及一旦有人想做點不同於流俗的事，必然會有種種牽絆和阻礙。

前進基地構想成形

「前進基地」的原始理念來自我第一次到南極探險，也是個人對極地氣象情有獨鍾的副產品，花了四年時間策畫才終於成形，絕不是鹵莽任性的結果。一支組織健全的極地探險隊可以替各種不同的科學效勞（上次探險，我們總共服務了二十二個科學部門），其中對一般人最具實用價值的莫過於氣象學了。農人靠農作物維持生計，一般人靠這些農作物塡飽肚子，投機客下注買賣農作物，實業家的工廠則須仰仗農人的購買力，前述各種人以及海上水手等等，乃至偶爾在假日出外一遊的觀光客，無不跟氣象息息相關，但很少人察知，極地氣象其實已深深影響各地方。

大部分人都對單循環理論略有所知：冷氣流不斷從兩極流向赤道，熱氣流則在其上呈反方向流向兩極，冷熱氣流不斷更新交流便形成地球的呼吸。至於兩極對氣候的影響程度至今仍屬臆測推論，若干權威人士甚至夸夸其言，認爲兩極分別爲南北半球氣候的眞正塑造者。後者的想法形成了雅各．皮葉克尼斯（Jacob Adall Bonnevie Bjerknes，美籍挪威氣象學家，是大氣鋒面學說的先驅之一，對現代氣象預報影響甚大——譯注）的兩極鋒面學說，以兩極冷氣團，即所謂極鋒（polar fronts），進入赤道熱氣團時，兩者互動所產生的效應來解釋大氣循環現象。

極地氣象學雖是啓蒙長期氣象預測不可或缺的一環，但我們所知其實仍十分有限。而且，基於取得更多有關大氣循環一般法則的必要性，探險隊隊長的首要任務便是負責招募人才，充實氣象小組的工作人員。大部分探險隊都極力恪盡其職，不過成果卻乏善可陳，因為南極科學調查迄今不到半個世紀，就氣象資料而言，大部分的知識全出自十餘支設備完善的探險隊之手。

就一個估計有四百五十萬平方哩的大陸而言，這不是什麼大不了的表現。至少在我看來是如此。在第一次南極探險過程中，我便深深感覺最寶貴的氣象資源仍是原封不動。現存的資料多數是設在南極沿岸或鄰近海岸的內陸定點工作站所蒐集、利用船舶探勘附近水域，或是研究裝備不足的田野調查隊趁著夏日匆匆趕到內陸探勘所得。就氣象學的觀點來說，南極內陸的資料可謂一片空白。定點工作站不曾深入內陸，冬天的觀察不超過沿岸一帶，而雪橇隊所蒐集的零星資料也僅限於氣候相當溫和的夏季。然而，不受周遭海洋影響的南極內陸卻是地表上最嚴寒的地區，要看典型的大陸氣候應該是在那裡，我打算設置的「前進基地」也應該是在那裡。那兒是氣象產生之地，以類似「前進基地」這樣的工作站所蒐集的資料，配合同時在「小美洲」所蒐集的資料，必然對了解極南高緯度地區的大氣現象有極大助益。為何像我們所處的對科技如此靈敏的文明社會，居然會坐視破壞力強大的暴風發生，而未能搶先在遙遠的暴風中心醞釀之際，確切提醒文明地區的人？就在不久前，美國氣象局局長威理斯．葛瑞格（Willis R. Gregg）預測，在極地建立機器人觀察基地，可將資料以無線電傳回低緯度地區各觀察站，如此一來，氣象專家便可觀察主要冰斗的氣象活動，從而繪出氣象圖。

只怪我自己沒想到這一點，因為「前進基地」的用意本來就是整個極地觀察站系統的馬前卒，唯一不同的是，操作「前進基地」的是有血有肉的人，而不是不為嚴寒、黑暗和記憶所驅動的機器人。我們的原始計畫著實是蠻勇過人。在與當時（以及第二次探險時）隊上的資深氣象學家比爾．海涅斯（Bill Haines）進行初步討論時，我並不諱言這構想有點投機。換句話說，若是我們能辦到，可是大事一樁。最後，我們決定的目的地是——昆莫德山脈（Queen Maud Mountains）山腳下。但儘管已敲定目標，我們還是發覺計畫也許太過逞強：只能仰賴拖曳車拖著幾公噸的補給，橫渡大約四百哩且巉巖冰隙密布的「羅斯冰盾」，而拖曳車在冰盾上的能耐如何，只能憑想像和靠老天保佑了。

總而言之，這個計畫所蘊含的風險絕對不假，特別是心理層面的問題。凡是想在這種地方落腳的人，必須認命，且能耐得住大自然最酷寒的氣溫、宛如月球黑暗面一般暗無天日的長夜，以及舉世沒有任何力量可以鬆解的至少半年的孤立。對抗寒冷，探險家有的是簡單而不虞匱乏的自保之道；對抗各種意外——由孤立衍生的最嚴重風險，探險家可憑天生的機智和技巧應付裕如，但要對抗黑暗，就只有靠自尊心了。

在我們設想的這種觀察基地上，風險比一般極地基地要大上千倍，困難重重。由於能送到的補給數量極為有限，因此基地所能容納的人數也極少。這些人將簇居在深埋於雪地中的小木屋，狂風和酷寒使得他們每天出門不超過幾個鐘頭，至於我們了解的所謂「變化」，雖是人生少了它便覺難以忍受，但在這裡卻毫無容身之地。全組人馬恪守的是鐵定不變的例行公事，週復一週、日復一日、時復一時，日日周而復始，即使是在間歇期，生活形態也是毫無差異。戶外全無生氣或變化，人人只能深入自己內心找尋滋養的原料，然而這些隱含的自我滋養雖頗有哲學意涵，滋養程度卻需視全組人員如何捱過這種試煉，且不致彼此心懷怨懟的能耐而定。

我的構想是，由三個人操作這座基地，最好是兩位氣候觀察員和一位無線電操作員。運送補給到南極內陸極爲困難，三個人已是上限人數；另一方面，基地生活的風險，特別是基於心理健康層面的考量，卻又強力主張不得低於三人。三是個典型的數字，就好像三角架一樣，三個人可以彼此平衡。比起兩人爲伍，三人成眾在調和鼎鼐的機率上可以無限增加，因爲從人際關係的本質來說，其中一人可隨時充當中立法官或上訴法院的安定角色。時時面對兩種層面和個性，不像只有兩人時，始終只聽到一個人的聲音，看到一個人的臉孔，面對一成不變的習慣和個性。

在這種情況下，兩人爲伍要不了多久就會開始互挑毛病。而且，不管他們有意還是無意爲之，這都是不可避免的，因爲單調的日常工作結束之後，無所事事之餘就唯有彼此較勁。不是故意，也沒有惡意，但總會有彼此無話可說的時候，到這時，對方念頭未起你已知梗概，對方得意的構想變成無意的胡扯，對方吹熄油壓燈或把靴子放在地上的樣子，也變得嘎嘎擾人。這種情況即使是至交好友也在所難免。住在加拿大林地的人都很清楚，設陷阱捕獸的搭檔因何會拆夥；有鑑於此，我自始就決意「前進基地」不應是兩人小組。

據我所知，即使在「小美洲」，也有室友因懷疑對方的裝備塞到自己分配到的空間而互不講話；我還知道，有位仁兄除非能在擁擠的大廳裡找到一處角落，讓他看不見那位每口食物都得肅然嚼上二十八次才嚥下的傅萊徹派人士（Flectcherist，指奉行美國營養學家傅萊徹〔Horace Fletcher〕主張，認為細嚼慢嚥有助消化者——譯注），否則就食不下嚥。在極地營區裡，類似這樣的小事卻是威力非凡，足可將有修養的人逼到發瘋邊緣。我初到「小美洲」的那個冬天，就陪一位老兄散步好幾個小時，此人是與至交好友因細故而產生「被害妄想症」，正處於想殺人或自殺的邊緣。因為無處可逃，圍繞你四周的不是自己的扞格不入，就是同事的壓力，唯有像動物冬眠時靠自身的脂肪維生般浸淫於知性中的人，才能自得其樂撐過來。有三位這樣的人為伍，「前進基地」應該不是太難熬的地方。總之，我個人是作此推論。

萬般設想構思計畫

第一次探險歸來後的幾個月裡，這構想不斷地挑戰我的想像力。既然揮之不去，我便鄭重地研究實際可行性。一九三三年底動員進行第二次探險之前，我們開始著手籌畫。其中一人是陸戰隊派給我的維克多·澤格卡（Victor Czegka）士官長，另一位是保羅·席波（Paul Siple）；兩人都曾爲第一次探險效力，知道有哪些問題需要克服。澤格卡的任務是設計日後充當基地的小木屋，席波則研究和蒐集必要的材料，由細木工師傅埃佛·丁格羅夫（Ivor Tinglof）在波士頓一處閣樓上實際動手造屋。一九三三年十月，第二次探險時的旗艦「雅各·魯伯號」（Jacob Ruppert）從波士頓出航時，秘密運來設計精巧的組裝式三人小木屋，以及四部拖曳車，以便將「基地」運到內地。

除了海涅斯、建造者和我，船上的人絲毫不知這小木屋作何用途。經驗告訴我，籌畫再周詳的計畫早晚都得再經極地的雕琢，因此我很少提到它。此外，關於操作基地的三人小組，雖然我有不少考慮的人選，且其中好幾位是在我初次逗留「小美洲」時就對他們的爲人有相當了解，但我仍未作出實際決定。在這一萬五千哩的航程（就我們所走的路線而言），有充裕的機會可以考慮和衡量可能的人選。至於我自己，時間和環境自會決定；起先，我甚至認爲無權將自己列入名單中。在景氣蕭條聲中整治探險隊，當然會債台高築，此外，我麾下有兩艘船、四架飛機和一百人，拋下責任的可能性不高。再從另一方面來說，若連領隊自己都不準備冒險，如何教別人去冒險。

前進小美洲險象環生

有關前往「小美洲」漫漫長途上的點滴，我想，《發現》（*Discovery*）一書上刊出本人大致說明探險經過的故事中已有充分的敘述，我不宜再著墨太多。出了「小美洲」東面人跡未至的海岸，進入冰雪皚皚、白霧迷離的海洋之後，我們終於在一九三四年一月十七日駛進惠爾斯灣（Bay of Whales），初見對我們研議中的活動有深刻影響的駭人冰雪風貌。雖然損失不菲，且碎冰仍然堵住廣袤的灣口，但我們總算把船推進到距「小美洲」只有三哩之遙。三哩是指賊鷗（skua gull）飛行的距離而言，其實在這中間，沿著海灣東岸還有一道寬約一哩的壓力冰（pressure ice）帶，在深塹坎坑處，驚濤與碎冰滔天，流水洶湧深及三百五十噚（一噚爲六呎）。未曾見過壓力冰的人，無從想像是何等情狀。壓力冰把我們阻隔於「小美洲」之外，使我油然想到暴風肆虐海面時，浪頭與波谷落差四十呎的光景。若只是如此，情況可能好上一大半，然而波浪和海潮不斷撥弄著底部冰層，嘎喳呼嘯之聲此起彼落，今日嘗見一處可安全橫越之地，明日卻成了大海塹。利用飛機和雪橇進行探勘之後，我們得出黯然的結論：即便是狗橇隊也無法安然前往「小美洲」，遑論是拖車了。事實上，當我看到雪橇隊帶回探勘繪製的路線圖，乃是一條長約七哩、危機四伏的通路之後，差點就徹底放棄「小美洲」，打算在惠爾斯灣西岸另建新基地。

為了避免在惠爾斯灣對岸另建主基地，我們所走的正是這條路線。這條路我們雖已名之為「險徑」（Misery Trail），其實仍有低估之嫌。整整兩個月，我們每天二十四小時都在船隻和「小美洲」之間踽踽前行，隨時變換路線以因應瞬息萬變的流冰狀況，遇到大冰罅時還得搭起浮橋強渡。有幾天，一路陪伴我們的只有子夜太陽悠哉遊哉橫空而過，接著氣候轉暖，打起赤膊也無妨，一百五十條雪橇狗則難耐熱意，加上雪地變得鬆軟，雪深及腰，群犬只能蹣跚而行。不過，大部分時間都不是這種情況。雪暴呼嘯而來，雪花漫天飄舞，原本沿著中途站標旗、憑感覺前進的拖車司機和雪橇伕，因飛雪阻絕視線頗有行不得之苦。終日白霧濛濛，且惠爾斯灣的霧是清淡和輕佻兼而有之，跟我以前所見大異其趣；呈乳白色的霧持續不斷，使得飛雪和大氣轉化成比例極度扭曲的平面，旅人行走其間，有著彷彿走在怒海底層般的詭異。

有關「險徑」的點滴就此打住。至於我們如何把六百五十噸補給拖進「小美洲」，在《發現》一書中已有鉅細靡遺的敘述，不過各位在閱讀章句之餘，可能無法感受到我們那種極度的疲憊；這疲憊使得每個人出去辦點事都步履蹣跚，不知何時抵達目的地，因未眠而眼布紅絲、冒寒風而身體痲痺，致使半途不得不頹然而返。儘管如此，多日之後，船還是開動了。有天晚上，遠方地平線下太陽乍現，之後，太陽出現的時間每晚提前；不久，「險徑」

廓然洞開，接著重建並重新進駐「小美洲」，在宛如已歷千年之後，我終於有時間考慮「前進基地」的事。可是這時考慮已嫌太晚，因爲三月已至，冬日逼近，再過不到六週的光景就是永夜，而我周遭的人員此時幾乎都已心力交瘁。

前置作業意外叢生

這時，歷經艱辛運來的「前進基地」小屋，就兀立在「小美洲」中央。通風和暖氣設備已由席波負責測試。現在我有時間再愼重酌斟，不消多久便達成了結論，不管這基地小屋最後安置何處，總之不會是在昆莫德山山腳或附近一帶。一則是時不我予，現在時序已入三月，溫度直落到零下二十、三十乃至四十度；三月間，南極田野調查隊通常趕在永夜來臨前打道回府。再則我們賴以運送基地小屋的四輛拖曳車幾乎已毀在「險徑」途中，必須徹底整修才能調派到羅斯冰盾上。這趟路，狗是派不上用場的，因爲精壯的狗群已經跟英尼斯－泰勒（Innes-Taylor）隊長出去探路打底，以備下一季的南部探險活動；再說，就算留下的狗群狀況尚可，也無法獨力拖運建造基地所需的七噸材料和儲備用品。

飛機或可充當運輸機，但在福克爾飛機（Anthony Herman Gerald Fokker，荷蘭飛行家兼飛機製造商，發明螺旋槳空隙射擊裝置，一次世界大戰期間爲德國製造四十餘種型號的飛機，戰後致力設計和研發美國民航機——譯注）於試飛時墜毀之後，我們只好徹底放棄這念頭。能承載重物的飛機只剩兩架，一架是雙引擎的「神鷹」（Condor），另一架是單引擎的「朝聖者」（Pilgrim）。我不能動用「神鷹」，因爲它要是有個三長兩短，整個探險計畫便會毀於一旦。至於「朝聖者」，我原打算用來運送較輕巧的物品，但算上飛行人員的緊急配糧和裝備，以及安全汽油存量之後，能承載的數量實在微不足道，也沒有多大用處。儘管如此，若不是天氣轉壞，我很可能還是會讓她物盡其用。飛行員試飛返航時，迷失在茫茫白霧中，差點墜機，我們花了一整天才找到他們。有了這次經驗，我決定不拿人和僅有的一架可作後勤任務的飛機來冒險。

所以，「前進基地」小屋要運出「小美洲」一步，勢必得靠拖曳車。至於拖曳車能走多遠，就得看狄馬士（Demas）除了整修一輛因失火局部受損的拖曳車之外，多久才能修好引擎和履帶。我個人倒是不怎麼樂觀。三部購自法國的「雪鐵龍」（Citroen）拖曳車已經在橫渡「險徑」時證明，它的馬力絕對不足以負荷夜以繼日行走在羅斯冰盾上；第四輛是美國製的「客來拖拉」（Cletrac），馬力較強。這四輛拖曳車都有粗短厚重的缺點，尤其是重達六噸的「客來拖拉」，對冰罅更是一籌莫展。

因此不管我個人怎麼看待，此行都是一大冒險。這是首次嘗試在南極操作自動車裝置，自然難免遭遇開路先鋒往往會碰到的所有凶險。沒有人知道，引擎在零下六十度的溫度下是否能發揮作用；雪地表面因極寒而使粗礫化爲細沙，履帶要如何滾動前行，乃至拖曳車是否過得了冰罅區，都是未知數。我認爲，車隊若能南行二百哩，已無異於神蹟，所以我只求行進一百五十哩便心滿意足，只要不會對人員造成無謂的折騰，哩程數再少些亦無妨。

不僅止於此，我們連在準備前置作業時也不得安寧，每當回想起出發前的種種事故，我不免思忖，我們的確是在盡可能壓低「永恒傷害」的情況下啓程。先是無線電主工程師楊格·約翰·戴爾（Young John Dyer）從四十五呎高的電線桿上摔下來，除了腳脛擦破皮之外，居然毫髮無傷；領航員勞森（Rawson）因喉嚨感染鏈球菌，不得不動手術。接著，空中攝影師裴爾特（Pelter）得了盲腸炎；這意味著又得在因醫生疏忽而致人仰馬翻的情況下，匆匆再開一次刀。醫生撞翻了油燈，收藏手術用具的貯藏室失火，所有人手緊急動員搶救儀器及困在隔壁小屋已睡熟的十二人。就在這起事故前一天，那架福克爾飛機在全營眾目睽睽下墜毀，四名乘員驚駭莫名地從飛機殘骸底下爬出來，所幸都沒有受傷。

這些樁樁件件都有喪命之虞的事故紛沓而至，令人應接不暇，使得原就被「險徑」折騰得疲憊不堪的神經更爲緊繃。我們隨時得準備因應突發狀況。在這種氛圍下，有一天，我們突然得出一個可怕的結論：「小美洲」正處於裂解邊緣，隨時可能脫離南極大陸，變成小冰山，漂進羅斯海（Ross Sea）。

「小美洲」其實是建在筏狀冰層（raft ice）上的小城。這筏狀冰層厚三百呎，孤懸於羅斯冰盾沿海地帶，有些地方冰崖絕壁拔地而起，高出海平面足足有一百五十呎。羅斯冰盾幅員極廣，部分懸浮，部分矗立深海的海底礁層和沙洲之上，其餘則與南極大陸相連，面海部分長達四百哩，向內陸延伸則直抵昆莫德山山麓。這塊陸地並不是固定不動。事實上，它是一條巨大的冰河，寬幅足以覆蓋美國大西洋岸，此外，它也具有冰河的特性，不斷往海洋方向漂去。極地平原巨大冰河流經山隘產生的推力，使得沿岸地帶有向海洋凸出的傾向，一旦凸出的冰棚重量無法負荷，或是無法承受潮流和風暴的壓力時，剝露部分便會斷裂分離。

漂流南極海上的巨大冰山群於焉誕生。我們目睹這些大陸崩解的產物。在穿越「小美洲」北角和東角遠方的「惡魔墳場」（Devil's Graveyard）途中，我們一天當中所見的冰山就不下八千座，其中不乏長達二十哩的。我想，我們一輩子都不會忘記「惡魔墳場」的光景：暗無天日的耗損冰川（waste waters，指因消融、蒸發或崩解所形成的冰川——譯注）走廊；偶見輕淡，但終年不消的雲霧；在狂風的呼嘯聲中，冰山在暴風中傾覆，聲勢尤爲驚人；裂解的冰塊比當今世上各式船艦都要大，在氤氳暗漠中四處漂流。船行其中遇此鉅變，猶如迷途羔羊，前途茫茫，只能摸索迂迴而行，後有追兵但難窺其全貌，只見巨大魅影穿雲蹈霧。輪機房的電報聲終日不斷，幾個月之後，我們知道這是不可避免的，有些人已能不受影響，照樣睡得香沉。那一區段所產生的衝擊是：我們憬悟到，「小美洲」本身可能淪爲北面那些有如幽靈船一般的浮冰，而這個發現已足以讓我們疲憊全消，因爲「小美洲」距岸邊不過四分之三哩罷了。

自從我們一月間抵達此地後，惠爾斯灣上的新冰和海灣冰（bay ice）就以空前的速度裂解。到了二月底，依常理應當結冰，豈料卻是裂解加速，壓力冰開始鬆動，隨之而去的是固定冰盾板塊的凝合力。「小美洲」周遭出現大裂罅，裂口與日俱增，夜裡萬籟俱寂之際，偶爾可感覺到小屋底下的冰面，因著數百呎以下的地下冰層搏動而微微起伏。凜冽北風顯然難辭其咎。海浪拍岸無一日停息，使得舊冰崩裂，新冰旋生旋斷。一日，我和資深科學家波爾特博士開著拖曳車，沿冰盾脊部東面和北面而行，但聞地面六十呎下的海水洶湧，聲若雷鳴，而且至少有一次，我們一停下車，就聽見遠處傳來轟然巨響，一大塊冰盾就此斷裂。

我們著實擔心，因爲眞的不知道會發生什麼事，且一旦眞的出事時更是毫無遏阻之力。於是，我採取非常措施：召集冬隊（winter party）全員到餐廳開會，說明實情，請他們一一就因應辦法發表高見。結果，基於「小美洲」可以再撐下去的假設，我們決定繼續待下去，同時把三分之一的備用品移到東南方約莫一哩外的冰盾高處，萬一「小美洲」不保，就近還有個棲身處，存糧也足夠撐過一個冬天。若是「小美洲」無恙，我們要搬回來的東西也不致太多。接下來幾天，我們拋開一切事務，忙著把汽油、煤、食品、衣物和其他裝備搬到避難營地。事不宜遲，爲加速搬運，我還命狄馬士把拖曳車從修理房開出來，勉強先派上用場。

這一切舉措都跟「前進基地」的命運息息相關。已逝去的時間無法追回，而每個人也都被所有的事情弄得筋疲力竭。孰料造化弄人，結果卻是白忙一場。我們剛料理妥當，海水便開始退潮，冰層裂解停歇，隨即凍結。

疲憊不堪的拖曳車人員繼續準備作業。二月十五日午夜，在汽油火光照明下，「前進基地」小屋拆卸完成，分段堆在兩具拖曳雪橇上。次日下午，四輛拖曳車魚貫開出「小美洲」，每輛車各拖著一排雪橇，上面堆置著食物、燃料、氣象觀測器材、書籍、衣物、工具，以及供應人類在這片除了空氣可供呼吸外別無一物的極地生存所需的用品。拖曳車前方是一條穿越羅斯冰盾正中央的生命線，長一百七十八哩，乃是英尼斯－泰勒的南隊（Southern Party）偵查標示的旗幟，以爲回程返營的路線。

這隊人馬共有九人，包括席波、在波士頓造基地小屋的木匠丁格羅夫、擔任聯合指揮的鍾恩（June）和狄馬士。鍾恩和狄馬士兩人都很樂觀，我則不然，望著雪橇車隊緩緩爬上南面雪白的長坡，我心中只有憂慮。雖然堆在護舷上的雪橇不少，仔細盤點卻發現還是不敷三個人使用，除非能在冬夜之前再搬一趟，否則「前進基地」的作業計畫勢必得大幅更動。我心中雖這麼想，但仍採取靜觀其變再作決定的態度。

三月　決意行動

儘管我們未能如氣象學家所願再往南推進，但這次探險行動策畫既久，又吃了不少苦頭，我當然不會輕易放棄。再者，正如我開宗明義所說的，這是我衷心企盼的機會。

之後，由拖車隊傳來的無線電報告紛紛湧至，但絕大部分是令人沮喪的消息。嚴寒、冰磧（moraine，爲冰川和冰層所搬運的難以分類的岩石和岩屑成層的沉積物——譯注）和雪暴，使得車速降到最低檔，新雪又使得車子顛窒難行；南行至「小美洲」約莫二十四哩處，兩輛拖曳車差點掉進突如其來的冰罅區裡；行至五十哩處一個叫「罅谷」（Valley of Crevasses）的碗狀窪地時，罅頂堅度雖足以讓英尼斯—泰勒的狗橇隊安然通行，卻不足以承受負載重物的拖車，所以車隊不得不繞遠路向東而行。當行進到離「小美洲」六十七哩時，「客來拖拉」完全停擺，曲軸桿因極凍而變脆斷裂，車隊中又未攜帶修理工具，不得已只好將它棄置路旁。「客來拖拉」無法繼續前進，車隊的載運量也就少掉了一半；鍾恩和狄馬士盡量將物品分配到另外三輛拖車上，繼續南行，不過盡量向南推進的機會已然不再。鍾恩報告說，另外三輛「雪鐵龍」拖車也都或多或少有些故障：發動機乃至零件全部磨損、散熱器漏氣、抗凍劑不翼而飛，駕駛只得灌雪保持散熱器運轉；有一部拖車車頭燈不見了。

我很清楚，他們所面對的困境絕非簡短的無線電報告所能形容於萬一。「小美洲」的雪橇伕討厭突破傳統，他們戲稱此行是「轎車探險隊」。不過，就「不方便」的角度來說，除了雪橇和拖曳車兩種工具外，我們其實沒有多少選擇餘地。拖曳車速度較快，載運量也較大，當然，你還可以坐在車上探險。但拖曳車本身也有極折騰人的地方，更何況引擎一停，曲軸桿、車尾和變速器內的潤滑劑就凍得跟橡皮似的，用火把緩緩融開，往往得花上好幾個小時，教人等得好心焦；把結凍的汽油從油管裡吸出來；以炊具裝雪，待雪融後澆灌散熱器，但散熱器卻像篩子似的直漏；戴著厚實的連指手套，無法處理精密零件，徒手又怕手指脫層皮留在機械上；恍如坐困在移動的小屋中，隨時得提防傾倒，而重達數噸的罅頂呼嚕響，又彷彿在提醒你，一踩上便會斷折。

即便是挑剔的領隊，對血肉之軀的一般人，也只能要求到這個地步。三月二十一日傍晚，拖車隊到了距「小美洲」一百二十三哩外，一處由英尼斯—泰勒南隊沿途所設置的補給站。幾乎在此同時，英尼斯—泰勒在只剩一天的狗糧，以及酷寒和雪暴的報告聲中，從南方北上。於是我決定，到此距離已經足夠了，就讓「前進基地」小屋安置在距離「小美洲」經線很近的南緯八〇度八分、西經一百六十三度五十七分的補給站旁。氣象學家認爲，這一段距離已足以作氣象資料比對。我指示鍾恩明晨回頭去接運「客來拖拉」上的物品。這時，他落腳的地方溫度已降到零下五十二度。

當晚，就在鍾恩抵達和離開南緯八〇度八分之間，我心中已經有了決定。「前進基地」必然只能容納一個人。拖曳車故障，太陽棄我們而去的時間只剩一個月不到，無論就運輸工具還是時間來看，都無法依原先計畫儲存三個人所需的用品。我依舊排除留下兩個人的念頭，理由一如前述：就是基於兩人難以脾性和諧的邏輯。其實，要是留下兩人小組的話，連我自己都會退卻，因爲在另一個人眼中，可能有一個人會變得很暴躁，而這個人極可能就是我。恨人或是被人憎恨，恐怕都難以避免變成墮落經驗，在心中留下「該隱」的痕跡（mark of Cain，該隱是亞當的長子，殺害其弟亞伯，此處指暴戾的痕跡——譯注）。己所不欲，勿施於人，我自己既有如此強烈的感受，當然不好要另外兩個人去冒我不敢冒的險。既然只能留下一個人，那就是我自己了，且不說別的，我實在不好叫部屬擔下這份差事。

至於讓「前進基地」小屋棄而不用，這念頭倒是從不曾有過。儘管我們未能如氣象學家所願再往南推進，但這次探險行動策畫既久，又吃了不少苦頭，我當然不會輕易放棄。再者，正如我開宗明義所說的，這是我衷心企盼的機會，是我一得知有此可能便心嚮往之的歷練。此外，我可能比其他人更適合這份工作，也是原因之一。「前進基地」是出自我的構想，更是我一手催生；「前進基地」小屋的一切，從絕緣材料到雙動活板門設計，莫不是匠心獨運之作；戴爾教我使用無線電，使我獲得充分的基本資訊可以與主基地保持連絡；氣象儀器大部分是自動的，何況海涅斯還教過我怎麼使用。

至於實際的生存問題，個人忝爲探險家，早有自立求生的能耐。這話倒不是說，我要跟梭羅（Henry David Thoreau，一八一七～一八六二，美國散文作家和詩人，著有《湖濱散記》〔*Walden*〕——譯注）隱居華爾騰湖（Walden）畔小屋時一樣，準備自己蓋屋子、架煙囪、測量土地，和自己做鉛筆。我也曾自認很靈巧，事實上卻不然；不過，我雖不才，在「前進基地」小屋上的若干即興之作，比起學富五車的實驗家，乃至才華橫溢的巧匠魯賓遜

（Robinson Crusoe，《魯賓遜漂流記》的主人翁——譯注），倒也不遑多讓。

我徹夜料理私人的事務。這事說來簡單，其實不容易。此去就要跟日常生活用品和正常作息斷絕得乾淨俐落，無可轉圜。我也有憂心不安的時候，特別是在想到萬一有什麼不測，家人該如何是好時。單是這一點就足以讓我沉思再三。至於把五十五位弟兄丟在「小美洲」無人領導的道義問題，我倒是一點也不放在心上。我手下的軍官早有共識，他們知道當我不在的時候他們該怎麼做。我們從午夜一直討論到黎明。結果，我賦予資深科學家波爾特博士副指揮官的頭銜，綜攬大局。他體格魁梧，雖然習於安詳的大學校園生涯，但具有務實判斷與知性平和的特質，要統領一批喜歡自稱爲行動派，彷彿這樣就可以爲自己的鹵莽脫罪的弟兄，這些正是不可或缺的特質。

波爾特手下是一批見過大風大浪的老手，知道怎麼照顧自己；至於新手，「險徑」的磨練和補強，絕不是別種經驗辦得到的。搭配他們的是多次跟隨我探險的核心幹部。助理副指揮官海涅斯和狄馬士已經是第三次從事極地探險；執行官諾維爾大戰期間在鄧南遮（D'Annunzio）麾下服役，曾任航空郵政局長，跟我一起到過北極和飛行橫渡大西洋；幕長鍾恩曾和我一起飛越南極；副駕駛保林（Bowlin）服役海軍十六年；英尼斯—泰勒曾在倫敦空戰之際跟齊伯林（Count Ferdinand von Zeppelins，德國空軍軍官，曾參與普奧和普法戰爭，是齊伯林飛機的設計和製造者——譯注）鏖戰，也曾替加拿大皇家警察探勘育空河；席波是科學家，也是路隊（trail party）隊長；皮特森（Peterson）是一流攝影家、無線電專家和滑雪好手，在前幾次的探險中數度大顯身手；另一位出身海軍的馮・德・華爾（Von Der Wall）深諳大西洋海戰；鮑伯・楊格（Bob Young）則是英國海軍退役，曾參與北歐「日德蘭半島戰役」（Battle of Jutland）；勞森雖然年紀最輕，但已四次深入北極，算是老手了。其他人的背景多少跟他們有類似之處。

我可以放心把「小美洲」託付給這些人，一則因爲冬夜通常靜謐安詳，人人都全心爲來春活動作準備，沒有人在外頭逗留，而且地底既無雪暴和嚴寒之虞，生活算是安逸。再則，我打算透過無線電跟他們保持密切連繫。因此，我除了給波爾特一些特別指示外，並不認爲有擬定一套複雜規定的必要。我對全營的最後指令，主要是宣布指揮權的分配，全文不滿三張打字稿紙。命令中只是籲請大家努力工作、保護儲備用品、遵守安全規定和嚴守紀律。我在最後說道：「本營每位弟兄都享有一視同仁、公平待遇之權，這一點，軍官尤須謹記在心。就某種意義上說，身分之別是原始的……在文明社會裡沒有階級差異。在國內是什麼身分，在『小美洲』都不計較，在國內一事無成的人，在這裡有一展所長的機會，只要遵守規定，善盡職責，不管職位如何卑微，絕不會以此爲評斷……」

前往「前進基地」

這道命令在三月二十二日早上，我要飛往「前進基地」之前才擬妥，我自己沒有時間發布，是我離開之後才由別人代爲宣讀。跟我同寢室的諾維爾幫我收拾一些私人用品：幾十本書、一個六分儀、幾個經緯儀、一套朋友送的上好皮草飛行裝、一副刮鬍刀組、留聲機唱片，以及零星雜物。沒有送別儀式，因爲柏德探險隊向來不時興這一套。廚子開朗地嚷道：「將軍，別忘了，『前進基地』沒有階級之分！」

在「朝聖者」拖曳車上的保林和貝里（Bailey）十分焦躁。此時溫度是零下四十三度，而且還在持續下降中；熱油剛灌進引擎，馬上就冷卻。我還記得，啓程時我看了下手錶，時間是早上十點三十五分（第一百八十子午線時間）。保林似乎跟我有同感，打轉車子，在「小美洲」繞了一圈才往正南方去。我細細瀏覽。若說我這一生中創造過什麼獨特的有形之物，那就是孤懸於惠爾斯灣東側高原之內，迤迤邐邐、噴著白煙、半埋在雪地中，名叫「小美洲」的小城了。只消看它一眼，便足以讓我精神大振。再進駐的作業已接近完成，這一方面毋須我再操心。

匆匆回頭北望，證實我所料不差：羅斯海已經凍結到地平線那一頭，因羅斯冰盾進一步裂解危及「小美洲」的顧慮已然不存。「阿蒙森灣」（Amundsen Arm，名字是依挪威籍極地探險家洛爾德·阿蒙森〔Roald Amundsen〕而取，一九一一年率探險隊首抵南極——譯注）

後方，惠爾斯灣曲折蜿蜒至「小美洲」南面，也就是我們所走的拖曳車路線，拖曳車履帶在潔白無瑕的冰盾下所遺留的波紋狀痕跡清晰可見。每隔三分之一哩就有一面橘色路標旗，每隔二十五哩有個雪堆指向標，雪堆上插著竹竿，一面橘色大旗迎風招搖，而東西方向則各連著一排三角旗和燕尾旗。這些路標相當於南極的路邊攤和路牌，是英尼斯—泰勒儲存備糧，以便供應來春大規模活動的儲物站。到了六十七哩處，保林緩緩駛過拋錨的「客來拖拉」時，仍忙著修理引擎的狄馬士和奚爾（Hill）從帆布帳下爬出來，跟我們揮手打招呼。不多時，地平線上一個黑點越來越大，一堆營帳赫然映入眼簾，那就是「前進基地」了。

「前進基地」所在的羅斯冰盾，猶如堪薩斯大平原，只見皚皚白雪一望無垠，在遙遠天邊與一彎綿延不絕的地平線歙然融合。此地是一片廣袤荒漠，也可以說是無盡的創造原料。簇擁在廣漠之上的營帳、拖曳車、狗群和人類，不過是滄海一粟。雖然這些景象都是我早已熟諳的，但直到此刻我才領悟自己所爲何來。在即將展開危險任務之際，我想，即使最沒有想像力的人，看見懸疑未解的預兆接二連三地來，必定也會了然於胸。不管是什麼兆頭，我還是決定暫且拋開。英尼斯—泰勒和席波上前跟我寒暄，保林則巴不得儘快上路，以免寒氣凍住了引擎。十五分鐘後，飛機升空，排出的蒸汽好像一面大旗綴在飛機後頭，在飛機隱入黯淡低懸的太陽裡之後，久久未見消逸。

「小屋的進度如何？」我問席波。

「很慢。」他說。我看看他和上前跟我打招呼的人，但見一個個凍得臉色發黃，毛皮頭罩下龜裂的嘴唇綻出怏怏的笑容。

「大夥兒都還好吧？」我問道。

「除了布雷克（Black）以外，大家都還好，」英尼斯—泰勒說道。「他膝蓋受了傷。不過，如果你不介意，而我們又能儘快架起小屋的話，我想在一、二天內把我隊上的弟兄撤出這裡。」

「再說吧。」我說道。不消別人告訴我，我很清楚英尼斯—泰勒的心思。他跟手下三名弟兄潘恩（Paine）、隆尼（Ronne）和布雷克已經冒著零下五十幾度的氣溫，在路上待了三星期之久。我想，他們在低溫下吃盡苦頭，大部分是由於睡袋拉鍊故障的緣故。睡袋裡結了冰。有一段時間，他們連小睡幾分鐘都不可能，躺在地上又有凍斃之虞。鑑於他們回「小美洲」還有五天路程，我於是答應英尼斯—泰勒，除非有絕對的必要，否則我不會耽擱他的行程。這不單是因爲他們的緣故，也考量到栓在營帳附近的二十四條狗。

鍾恩跟六名弟兄和兩輛拖曳車，已經上路去接應「客來拖拉」，基地小屋的基礎工程可用的人手有八個人：英尼斯—泰勒跟他的三人小隊、我自己、席波、丁格羅夫和拖車隊的皮特森。在我抵達之前，他們已挖好一個長十五呎、寬十一呎、深八呎，足可容納小屋的大坑。碰到凸起的物體時，極地狂風和冰磧就會以不遜於潮水的速度在周遭堆積，基地小屋以這種方式深入地底，正可避開風雪。

幸好，基地小屋的設計極方便迅速組裝。丁格羅夫和席波負責鋪設地板，我則指揮全局。架起牆壁很簡單，只要把標有號碼的部分組合，再以螺絲釘或大釘固定即可。我們擔心晚上會吹起雪暴，把坑口填死，於是拚命趕工。午後溫度降到零下五十度以下，幾個人的呼吸在坑內形成氤氳霧氣。我們不時彼此打量對方的臉孔，看看是否有慘白的凍瘡痕跡。「你鼻子開花啦，皮特森。」有人這麼說。原本毫無所覺的皮特森趕忙脫下手套，忍耐著刺痛捏捏鼻頭，待血液帶著椎心刺痛流進受凍部位才住手。他說了聲「乖乖」，又繼續工作。

我們雖是拚命趕工，但到了五點，夜色從南極疾掩而來時，屋頂還是沒能蓋好。這時，溫度已降至零下六十一度。我們藉著防風燈的光線及手提式汽化爐的熱度繼續趕工，沒多久，煤油結凍，火光倏忽熄滅，我手上的手電筒也因爲電池結凍而告熄，四周頓時一片漆黑。丁格羅夫跌跌撞撞地在儲物箱裡摸索，找到了鍾恩留下的兩盞噴燈。藉著噴燈微弱的光線和腳邊微微暖意，我們繼續埋頭工作。

如此拚命工作，實已近乎殘酷，但我們總得先有個棲身之處才能安穩睡個覺。丁格羅夫的手套結滿了冰，一脫下手套鎖上螺絲帽時，我看到他手上盡是腫脹的黃色水泡。正在組裝暖爐的席波也是同樣情況，得脫下手套包住螺絲釘，再慢慢轉動；他的雙手浮腫，我一再看到他咬著嘴唇強忍痛楚、下巴不斷往頭罩下縮以便藉體熱去寒。潘恩的頭盔跟臉孔看來像是一堆硬冰塊；隆尼的嘴唇龜裂流血。大家不停地咳嗽，不是因爲寒意難耐，而是工作時深深呼吸，超寒的空氣令我們的肺部飽受折騰。

說是做苦工絕不誇張。我從坑底爬出來，到儲物箱裡找一套氣象器材，正在摸索的時候，鼻頭和臉頰立時凍僵；我站起身，摩挲一下臉龐。坑道四周藍影幢幢，噴燈冒煙裊裊升揚，眾人哈氣成霧，在搖曳燈光中盤旋而上，這光景不由得令我想到《神曲》（Divine Comedy，義大利詩人但丁的名著，約寫於一三〇七～一三二一——譯注）中「晨星之子」（Lucifer，早期基督教作品中對墮落以前的撒旦的稱呼——譯注）所到的寒冰地獄。黑暗中傳來低沉呻吟。我伸手到罩頭皮大衣胸前的口袋摸出手電筒，推開開關，但是電池仍然結凍。數十道充滿渴望的饑餓眼神一齊朝我射來，暗夜中只見狼犬不安的身影。我心在淌血；牠們分散在鐵鍊所及的範圍內，只能坐在雪地上等候，但我除了告訴自己應儘快讓英尼斯—泰勒北返之外，對牠們是一點忙也幫不上。

小屋的單扇門朝西——就我記憶所及，這完全是爲了適應已經挖好的坑穴，小屋不得不朝西，並沒有特殊的原因。這坑穴挖得很寬，以便配合我所謂的「陽台」——西緣屋頂凸出牆外二呎，便於連接地道系統和設在凸角處可以利用梯子上去的活動板門。恕我不客氣地說，這道頂門是十分巧妙的雙動式設計，可以向上推開，碰上冰磧堆積太厚時，只消移開兩根支架就可以拉下。澤格卡初次示範時就嚷道：「你瞧，將軍，這門可以推上拉下，這下子可不必擔心被大雪暴活埋啦。」

我們安好屋頂的時候，已是凌晨一點左右，氣溫零下六十三度。由於有好幾段在從「小美洲」運來的途中扭歪了，組裝起來極爲費事，原本設計跟冰筒一樣斜面密合的大門，非但無法上栓，往後我獨踞「前進基地」的七個月當中，甚至無法順利關上。此外，加上坑穴深度估算錯誤，使得屋頂無法跟地表齊平，反而凸出足足有兩呎之多，也使我頗爲擔心。如此一來，一旦碰上冰磧就麻煩了。不過，既已無法補救，我也就不予理會。席波已經把暖爐架好生起火來，雖然隔了許久才把寒意完全驅出小屋，我們還是喜不自勝地下來享用爐子散發出來的微微暖意。一會兒，英尼斯—泰勒不經意地提起，他一條腿好像凍僵了。果不其然，他一脫下羊皮靴，我們全看在眼裡，我用雙手輕輕幫他摩搓，但是完全沒有效用。用雪摩搓的「迷信」在南極不管用，因爲在零下六十度的低溫下，雪花已經變成堅硬的結晶體，摩搓起來簡直跟砂紙無異。在這種情況下，我們用的是極地旅人都很熟悉的法子：我記得好像是潘恩吧，解開襯衫，讓英尼斯—泰勒把腳伸進去，靠著他溫暖的腹部，約莫十五、二十分鐘後，血液恢復流通，但卜卜刺痛卻使得英尼斯—泰勒額頭冒出冷汗。

組裝小屋清點物資

當晚，英尼斯—泰勒、潘恩和隆尼，回到距屋頂只有幾碼的營帳休息之後，我們五人各自把睡袋攤在「前進基地」的地板上。爐火一熄，寒意便襲捲而來。「你準會凍死在這地窖裡。」皮特森在睡袋裡開朗地說道。我久居「小美洲」木屋，深知箇中奧妙，只要寒意一驅，屋裡其實是相當舒適的。這座小屋跟手錶一樣精巧，雖然體積超過八百立方呎，總重量不過一千五百磅而已；爲了便於運送，小屋和屋內一切設計都盡可能用質輕的材料。除了屋頂和地板是用上好白松之外，其他大部分是空心建材。牆壁只有四吋厚，內牆和外牆各以厚八分之一吋、由兩片厚紙板夾一片薄木板所組成的三合板保護，夾層之間塞著狀若棉花的木棉，充作絕緣隔熱之用。內牆貼有綠色防火帆布，天花板和牆壁上段則是鋁質，以利反射光線和熱氣。這些澤格卡全記得清清楚楚，這一晚是我第一次在「前進基地」過夜，不免也想到這是他跟丁格羅夫的辛勞成果。

第二天早上，拖曳車嗶嗶的喇叭聲把我們吵醒；鍾恩和狄馬士已經把「客來拖拉」上的物品運回來。細想他們在廣袤的羅斯冰盾上徹夜趕路，情緒仍然如此高昂，不免令人嘖嘖稱奇。

「這老爺車簡直就快散了，居然還走得動，眞是不可思議。」奚爾說道。

「他的意思是說，車停了居然還能再開動。」史琴納（Skinner）接口說道。「每回引擎一熄，你都以爲這下完蛋了，但只要耐著性子撥弄一番，鐵定又會再轉動起來。」

雖然他口氣詼諧，這話卻令我不安。回「小美洲」的路上，即使順利也是困難重重，想到目前令人難耐的氣溫，機件故障使得探險隊近五分之一的人馬困在半途的可能性極高，也是我難以接受的事。只消看看他們的模樣，就不難想見他們歷經多少苦楚。他們一個個像稻草人似的：防風褲破破爛爛，上頭一塊塊結凍的油漬虛飄飄地掛在腿上。只消看看他們的雙手，尤其是狄馬士和奚爾，便已不言自明：手皮因不時接觸結霜的金屬而皺縮剝落，指甲烏黑潰爛，膿腫水泡汩汩流著血。

鍾恩和狄馬士倒是看得開。「我一點也不擔心，」狄馬士說道。「運氣好的話，我們可以在離開這裡二十四小時後，把三部拖車安然開回『小美洲』。」「小美洲」有很多幫手，再說，還有英尼斯—泰勒小組的人馬殿後，應該不致於出什麼差錯。儘管如此，這狀況卻不是我所樂見的，因爲這時節在南極生死安危只是一線之隔。「雖然天寒地凍不適於上路，」我說道：「我還是希望你們在四十八小時內全離開這裡。」

其實，現在只剩下一件大工程：挖造兩條地道，一條存放燃料，另一條放糧食和雜物。地道在陽台對面的末端，向西呈平行開挖，有十四個人幫忙，花不了多少時間。兩條地道各長約三十五呎、寬三呎，高度足可讓我直立走動。食物地道則在南面。我們挖出地道，用雪堆成二呎半厚的拱形屋頂，再將食物盒一一疊起，堆在兩邊壁龕內，標有記號的一面向外，這樣一眼就可以看出盒內裝的是什麼。地道盡頭挖個坑充當廁所，以皮特森的話來說，這間廁所最大的特色是「一覽無遺」。接著，我們把一桶桶燃料滾進另一條地道，同樣堆在兩側壁凹處，再以粗紙蓋在木板上，用雪塊壓住。至於其他的儲備用品，則從便門丟進陽台。

我跟席波約略檢查一下丟下來的東西，種類繁多著實教人稱奇不已：三百五十根蠟燭、十盒固態酒精片、三把手電筒、三十組電池、四百二十五盒火柴（安全蠟封）、兩盞煤油燈、一盞三百燭光汽壓燈、二個睡袋（一個皮草製，一個鳧絨毛製）、兩盞汽化煤油爐。此外，還有一張折疊式椅子，附有拖車隊弟兄慷慨捐贈的氣墊，九枚燒夷彈、一具滅火器、三個鋁製籃子、二個洗物槽、二面鏡子、一份日曆、一張防火小毯子、兩支燭檯、兩支用來刷掉我衣物上雪花的衣刷、三打鉛筆、一只塞滿衛生紙的五加侖罐子、四百張紙巾、一盒圖釘和一盒橡皮筋。另外還有兩令稿紙、三箱肥皂和洗衣板、一個熱水瓶、兩副紙牌、四碼油紙、石棉數片、兩包牙籤。總計食物儲備包括三百六十磅的肉、七百九十二磅蔬菜、七十三磅濃湯、一百七十六磅罐裝水果、九十磅乾果、五十六磅甜點，以及包括穀物在內的主食約半噸。除了這些，還有其他林林總總，不可勝數。

大夥兒忙著把儲備用品堆進地道和小屋時，魏特（Waite）則把長約二百呎的無線電天線架設在四根十五呎長的竹竿上，午後二、三點完工後，接著安裝無線電發報器和接收器。我在席波的協助下，親自安裝爲數不少的氣象觀測儀器。「乖乖，」達斯汀（Dustin）沉吟片刻後說：「我這雙老腿早告訴我，這兒冷得慌，用這些儀器偵查可費事囉。」

第二天，也就是三月二十三日，「前進基地」大致就緒，可以負起全世界最南端氣象觀測站的任務。當晚，我們爲預定隔天早上北返的英尼斯－泰勒小組餞行，由於這是難得的歡聚機會，他們紛紛勸我把食物儲藏櫃裡的上好佳餚拿出來饗客：糧補官柯瑞（Corey）認爲，逢到節日時我也許會想打打牙祭，於是好心獻出一隻火雞和兩隻雞。雞肉結凍，硬得像塊鐵板，但久經陣仗的拖車隊弟兄早有準備：用噴燈解凍，然後公推英尼斯－泰勒爲大廚，指揮大局，以五具汽化爐料理起來。九個人盤腿坐在地板上，另五個人沒地方坐，便站著吃將起來。從這些雪橇犬駕駛吃得差點沒噎著的模樣判斷，比起他們賴以維生近一個月的濃湯來，換點雞肉吃想必讓他們脾胃大開。「吃點能填腸裹腹的東西，就是不一樣，」潘恩說道：「隊長，我這第三次下筷，要的是雞脖子，希望我看見的不是你的髒拇指。」

餞別隊員歸隊「小美洲」

沒想到，這場餞別晚宴辦得過早些。當晚，寒氣中東風呼嘯，我們醒過來時已轉爲雪暴，五十碼外便伸手不見五指，而且在零下二十八度的溫度裡，寒風銳利如刃，絕對不可能啓程，於是英尼斯－泰勒決定再待一天。這一夜與前一天一樣，十個人睡在我的小屋裡：丁格羅夫在桌底下、布雷克蜷縮在爐子後面、魏特趴在我床底下、鍾恩在角落裡坐著睡；其他人則在睡袋裡睡得跟木乃伊一樣沉，從牆壁這一頭的地板排到對面牆壁。我一輩子也忘不了這一晚。這些「客人」打呼聲震天價響，逼得我落荒而逃。我爬出小屋，決定上去瞧瞧雪橇隊的情況。

雪暴漸歇，但風勢仍強，在濃密的冰磧中，手電筒只是一束微光。不過，我可以聽見營帳那頭霹啪作響，宛如怒海揚帆一般；我循聲摸索前進，不一會兒就到營帳區。潘恩夢囈連連；光線落在英尼斯－泰勒的眼皮上時，他咿唔一聲扭過身去，隆尼卻睡得很香甜。我拉上袖口狀的營帳出入口，正在繫緊皮索時，驀地有個聲音傳來，使我倏地站直身子。風中透出尖銳亢奮的嗥聲。嗥聲又起，這次是和著風聲，而且是眾聲齊鳴。當然，是雪橇犬在嚎叫。

我跌跌撞撞地找上前去，但見雪橇方向桿直立於雪地上，狗群三排縱列，每排各自在栓索所及的範圍內散開。我穿過濃霧一走近，狗群立刻安靜下來，大概是知道周遭還有人，使得牠們大爲放心吧。我搖著手電筒，順著栓索走去，發現每隻狗蜷曲著身體，背向風面，鼻頭頂著肚皮，周圍堆著冰磧。這時節還讓牠們待在羅斯冰盾外頭，似非「民胞物與」之舉。然而，牠們必須等到天氣稍有改善才能上路。風勢陡息，刹那間，冰磧驟緩，我一抬頭，只見滿天星斗，不錯，天氣可能大有改善。果眞如此，明天早上南隊就可以動身北返。

潘恩手下帶頭的雪橇犬傑克大概也料到了。牠倏地站起來，抖去背上的積雪，緊接著就聽到飄忽的嗥聲響起，霎時，二十四條狗一齊站起來，同聲嗥叫，嗥聲響徹羅斯冰盾，但這嗥聲不是哀嚎，而是充滿了熱切渴望。不錯，明天眞的可以上路了。

三月二十五日星期日，天清氣爽，淒寒依舊。「唔，果然蓋滿了，」丁格羅夫從便門瞥了一眼後說道。屋頂上堆了一呎厚的冰磧，天花板上三個小天窗透入微光。這時溫度計上的標示是零下四十八度，魏特說：「他們還在賴床。」英尼斯—泰勒終於動身。當天稍晚，狄馬士、奚爾和史琴納開著一部「雪鐵龍」拖曳車上路，再去搶救「客來拖拉」，留下鍾恩、席波、魏特、皮特森、布雷克、達斯汀和兩部拖曳車。他們留下是爲了收拾善後。魏特完成跟「小美洲」連絡無線電測試，席波則在修理爐子；氣象觀測儀器已經開始記錄風速和溫度；終於，星期一中午，鍾恩在吃午飯時揶揄說：「該做的我們都做了，還有很多東西我認爲根本不需要打理，所以嘛，該是我們走人的時候了。」他言簡意賅地處理極地禮儀問題，雖只是三言兩語，卻沒有一句廢話。

大夥兒站著吃完了午飯，拖車組員就準備動身。這時，氣溫是零下六十四度，兩部拖曳車都半埋在冰磧裡，我們花了好大工夫才把車子清理出來。即便是用噴燈烤曲軸桿，又以帆布罩蓋住底盤以保住熱氣，還是花了兩個鐘頭才發動引擎。一行人在五點左右試著出發，兩個小時後又敗興而歸。我正在地下小屋內，聽見雪地震動的聲音，心情變得很壞，因爲我實在很希望他們這會兒正往「小美洲」進發。不過，他們回到小屋內，提起途中發生的事故，我頓時了解他們作了最明智的選擇。剛走到三、四哩外，鍾恩那部車的散熱器就凍住了，鍾恩在旋開蓋子檢查時，一隻手被噴出的熱氣燙傷，另一隻手則在料理傷勢時凍傷，因此，他決定回頭，利用小屋內的熱氣療傷。他們待了一夜，各自和衣而睡，但引擎始終開著，並由魏特和達斯汀徹夜照料。「要是引擎一停下，我們可能整個冬天都得待在這裡。」狄馬士嘟噥道。我無心回去睡覺，跟著這兩個人一起守候整夜。

三月二十八日星期三，晌午時分，拖曳車再次上路；這次，他們沒有再折返。就某種意義上說，這次分手就像催周末作客的人走一樣稀鬆平常；該說的話早就說過了。事後想起來，離開「小美洲」之後唯一讓我掛心的是，我在指示中提到萬一無線電故障，千萬不要爲我勞師動眾，可能說得不是很堅決。我再給「小美洲」的一道命令是：「我對無線電所知不多，很有可能會暫時，甚或是永遠失去連絡，但各位不必爲此操心。切記，不管出了什麼事，我在這間小木屋裡比你們在冰盾上奔波舒服多了，因此，我嚴令在太陽回來未滿一個月前，千萬不准來找我。我對羅斯冰盾懷有永恒的敬意，實在不希望因我個人的行爲，而使各位在冬夜期間有所不測。」爲了強調以上絕對是由衷之言，我在他們啓程之前，再三重複。

席波和魏特等別人都上了車，仍然在磨蹭。他們大概有什麼話想說，可惜還沒有機會開口，就有人不耐煩地嚷道：「喂，上路啦。」先是席波，接著是魏特，嘀嘀咕咕說了句告辭的話，便匆匆走開，說些什麼就聽不清楚了。

我站在活動門口，目送兩部「雪鐵龍」拖曳車離去。紅色引擎蓋，加上圓頂車篷，構成一幅愉悅的畫面。鍾恩往北直向中午的太陽駛去，但見太陽又大又圓，低懸空中，直教人誤以爲是落日。在淒冷空氣中（零下五十度），車子排出的廢氣宛如煙幕般裊裊升起，又被輕柔北風吹散，直到東方的地平線漸趨黯淡。我下到小屋內，打算檢查風速紀錄，但這只是自欺欺人，其實我根本沒有心思工作。這大概是我長大成人以來，唯一一次感到悵然若失的時刻。小屋本來明亮歡愉，這會兒卻全變了樣。我一時衝動，完全沒有時間感到不好意思，便衝上便梯，自己也不曉得爲什麼，大概是想再看一眼能走會動的東西吧。雖然拖曳車早已遠去，但嗶嗶的喇叭聲和嘎嘎的履帶聲在清冽的空氣中卻清晰可聞。

我怔怔地望著，直到聲音完全消失，直到逐漸遠去的黑點永遠消失在冰盾小丘後方，直到只剩下逐漸褪去的煙霧。

煙消雲散之後，世界頓時化爲一片蒼茫。太陽黯淡，對面的南方天空已然深入極地的夜色，彷彿巨影般向前推進，靛藍的天色彷彿暴雪欲來景象。我所見到的莫非是極光乍現？我不敢確定，而這時我鼻頭和雙頰已差點凍僵，只得匆匆下來，沒有時間一探究竟。就在我走下樓梯時，有件事倒是可以確定的，而這件事也使得我怏怏不樂，就是：我在幫拖曳車隊安裝雪橇的時候，不愼摔倒扭傷了肩膀，右肩這會兒正疼得厲害呢。

負傷整理「前進基地」

我在屋內一邊揉著肩膀，悵立良久。我暗罵自己太差勁，正要展開生平第一件大事，卻笨手笨腳把自己弄傷了。東西仍是一團亂，地道裡堆滿箱子和燃料桶，得花上好幾個星期才能清理妥當，這看在拖曳車隊弟兄們眼中，無疑算是井井有條了；他們見慣了車子亂七八糟，整理自己的屋子也不過是把東西踹到一旁，只要有可以蹲坐的空間，他們就滿意了，但我在「前進基地」可不能這麼過活。怎奈幾乎有一半需要重新整理，而我又只有一條膀子可以抬、搬和推。

我不能坐困愁城，我盡可能用一條膀子整理自己的蝸居。我埋首在工作中，漸漸忘記肩膀疼痛，也忘了時間，一直到過了午夜，才想到要歇息。我停下泡杯茶，吃幾塊脆餅。一天忙豁下來，雖沒有什麼足以傲人的，但我終於可以在地道裡走動，不致絆到帆布袋、食物罐和幾捆作路標用的竹竿。明天再把書籍和醫療用品放在就近可拿取的地方，稍後再整理食物和燃料地道。不過，最重要的責任還是照料目前已順利運轉的氣象儀器，每隔一個小時我就抽空去查看一番，希望能就此養成習慣。我已經可用像對待好朋友那樣溫煦、默默的眼光來看待它們了。

忙完一天，我仔細端詳，眼中所見倒是挺不錯的：在三、四步就能從這頭走到那頭的小世界裡，穩當且完備的生存必需品全在觸手可及之處。這兒不算挺亮，掛在床頭的風燈燈光昏暗，天花板上懸著一盞油壓燈，光線只集中在一點上反而燈影幢幢，似乎使得室內更爲黑暗。但這朦朧卻增加了景深，室內好像也變得更寬廣，倒是頗合我的興味。

我的臥舖固定在北面牆壁上，床頭靠著東牆，離地約莫有三呎，床腳有張小桌子，擺在桌上的是個有玻璃外殼滾輪和指針的記錄顯示器，會自動記錄風向雞和碗狀風速計所得的風向和風速；記錄器下方有乾電池可以驅動滾輪和指針。對面東南角上有個三角架，擺著無線電發報器和接收器主機，旁邊連著一具電鍵。發報器結構輕巧，包括一具由戴爾親自組裝的五十瓦特自動振盪器，由重量僅有三十五磅的油動式三百五十瓦特發電機驅動。接收器則是標準型的超外差式接收器，上頭有個比較小的架子，擺著緊急無線電裝置，包括兩具手動式十瓦特發報器，以及兩具小型電池驅動式接收器，續用時間各爲一百小時左右。這些是備用器材。在這個架子上方還有個更小的架子，用來擺放無線電器材的零件。

正確地說，東面牆壁從床頭到無線電角落，共有六個架子，低層擺的是食物、工具、書籍及其他雜物，上層則放置儀器和經緯儀，有些還用棉花包著尚未開封。南面牆壁釘著三吋長釘，掛著我的防風褲、套頭外衣、羊毛襪和長褲，中段有口食物箱、上面有個綠色舊盒子，裝的是手提式維克多牌唱機（victrola，一種老式手搖留聲機——譯注）。西南角的地板上有口箱子，我稱之爲冰箱，因爲東西一擺進去就可以保持冷凍。至於其他雜物，還包括兩條家母所送的維吉尼亞火腿。

在門口和自記氣象計之間，距西面牆壁約莫三呎的地方有個爐子，是一般的雙門、燃煤、列車用爐子，只不過我們在網架上加個圓形的爐膛和一個三加侖的油料罐，改成油燃式爐子罷了。油料是乾洗溶劑汽油（Stoddard solvent），就汽油純度而言，是介於煤油和汽油之間。至於以液態燃料取代煤，純粹是因爲煤料體積龐大，不易運送。煙囪接著爐子，直上到距天花板約莫兩呎轉個彎，沿著牆壁接到床腳上方的排氣管。我們所以把煙囪管作此安排，原以爲可以發揮類似散熱器的效果，可惜因爲臨時湊和而弄巧成拙。有二、三段煙管在從「小美洲」運送到「前進基地」途中遺失，備用的煙管尺寸又不同，我們只好拿幾個五加侖的空錫罐，兩頭剜開當接頭。這一招雖然頗具創意，但接口處氣密性極差。這個簡陋、看來還不令人討厭的暖氣裝置攸關個人生死，在往後幾個月裡差點害我送命，我卻渾然不覺，有時我不免懷疑自己怎會這麼笨，如此顯而易見的危機我居然有目如盲。

暖氣和通風設備從一開始就有問題。在「小美洲」時，我們做了六個星期的「試車」，當時，墨菲和席波忍不住抱怨說，一進小屋就被煙薰得很不舒服。這是個警訊，因爲當時小屋仍在地面上，通風條件應該比放入地下後更佳。查出這個「毛病」之後，我立刻找機師做個新爐膛。在「小美洲」那一個月，我住在小屋內時還很順利，但到了「前進基地」之後的第二夜，皮特森待在屋內的時間一久就覺得頭疼噁心。不過由於別人都沒有異狀，於是我認定是他自己反胃使然。如今，由於煙囪管接頭不良，益發可以明確地感覺到，空氣中的確瀰漫著一種古怪、令人不舒服的油煙味——燃油爐特有的氣味。不過，席波跟我都很篤定地認爲通風系統可以化解油煙所造成的危機。入氣系統有個U形管凸出屋頂外約三呎半，向下沿著西牆穿到小屋底下，然後從地板上的排氣口穿入屋裡。屋內的U形管用方形隔熱枕木包著，從屋子中央升起，開口離天花板一呎左右。這種設計理念是基於屋外的冷空氣經重力作用流入屋內後，在天花板附近和熱空氣混合，因而形成自然流通的作用。至於排氣，則是由一根穿入屋頂的三吋半鍍鋅鐵管處理。我很想把排氣口加大，但一想到狂風的吸力作用很可能會把爐子排出的有毒油煙直接吸入屋裡，所以不敢造次。

如果說這是禍根，起碼在我獨居小屋的第一夜並不明顯。相反地，我覺得抽排作用相當不錯；我把手放在排氣管末端，可以感覺到廢氣穩定地排出。

獨居首夜

凌晨一點左右，我在就寢前到地上稍作瀏覽。夜色蒼茫，滿天星斗，我不曾見過這麼多的星星，好像一伸手就可以將這些亮晶晶的石頭掬個滿懷似的。方才一輪巨大紅月爬上北邊天空，如今已經不見，星光點點，由南十字星爲樞機，水蛇星座、獵戶星座和三角星座爲斗杓緩緩運行，我心想，這大概就是水手所見的天空了。這天體運行的光景教人見了心生歡喜，而這些星星、星座，乃至於自轉不息的地球，都是我的。如果說安詳和興奮可以並存不悖，那麼，我獨踞此間的第一夜，約莫就是這種感覺了。

不錯，情況應該會轉好。一個人在這裡不需要世界——絕對不必拘泥於一般的禮俗和習以爲常的安全保障。堅如白金的冰盾就是一個世界，而我僅是走過其中極小部分而已。這裡僅僅屬於我的東西：有無線電天線，十二呎高風速計標桿上、綴著銀製的風向雞和鋁製的碗狀風速器，保護著溫度計和氣壓記錄器的蜂巢狀百葉罩，以及凸出屋頂外的通風管和排煙管。我只需走二、三步就可以一覽無遺，但在漆黑的夜裡，旅人可能在二十碼外路過卻渾然不覺。這不是已經綽綽有餘了嗎？我突然憬悟，人世中的紛擾，有一大半是由於我們不知道自己眞正需要的其實很微少。

總之，我雖然跟一般遵循常規的人一樣講究規律秩序，但這晚卻一點也不懷念千篇一律的聲音和騷動。我關上爐子活門，熄了火，脫掉衣服披在椅子上，光腳一碰到地板，我不禁心中暗暗咒罵，趁冷風尙未襲身之前，趕緊跳到對面打開通風口，再鑽進睡袋。一開始睡袋仍然冰冷，這是由於積存著人體濕氣的關係。我耐著性子等睡袋轉暖和，一面按摩肩膀和四下摸索，確定手電筒是否在身旁，以備萬一夜裡起床時使用；一面想著家人是否安好，以及明天早上要辦的事。不過百轉千迴，終究記掛著現今正往「小美洲」途中的拖車隊人馬，我不禁責怪自己讓他們待在此地太久。

紛亂思緒中，陡然心頭一驚。我已盤點過所有的裝備，就是不見食譜和鬧鐘。「不妙！」我叫道，這是車隊離開後我第一次開口，宛如晴天霹靂般迴盪不已，差點沒讓我摔下床來。我精心策畫、細心檢查所有細節，再三核對，居然還是忘了這兩樣看似平常卻不可或缺的道具？我有三個經緯儀（測定經緯度的精密時計——譯注），一只手錶，所以計時不是大問題，但我擔心的是早上八點要起床作氣象觀察，而今冬夜將臨，一天二十四小時幾乎全無變化。至於食譜，倒是不一定需要；眞的……但也許不然。我絞盡腦汁，就是想不起除了在廚房裡做過火腿蛋、營地做牛排或路上煮過濃湯之外，還做過什麼精緻的餐點。文明的都市人習慣別人服侍，但探險家至少習於野營炊事——我得在餓死與逐漸被三餐穀片和罐裝醃牛肉造成的神經錯亂之間作一選擇。託天之幸，還好不缺開罐器。柯瑞準備了十幾支，分散收藏以免有所閃失全部丟光。

我自問，既是如此，何須爲此小過勞心饜思？奢華自恣本非美德，何況我擁有的有用之物畢竟還不少。想到三十五呎外食物坑道邊就是廁所，而自己又腎臟健康，我感到寬慰不已。

燃料坑道與小屋一段

四月

一、大塊孰爲主

羅斯冰盾一片白茫茫，極目所望銀灰色一片，單調中又有淡雅虛幻之感。衆色消融，天黯星稀，景致顯得單調，但這樣的光景組合卻是妙到極點。

獨踞「前進基地」四個半月期間，我保留相當完整的日記。幾乎每天就寢前，我都會坐下來，鉅細靡遺地寫下當天的點點滴滴。不過，四年後重讀這些紀錄，我赫然驚愕地發現，實際形諸筆墨的情感和各種狀況，大致不出頭幾天的範疇。因爲之後我好像一直不得閒。雖然我每天八點以前就起床，很少在午夜前就寢，但每天好像都有一半的事沒做完似的；忙得昏頭轉向之餘，自然不太有耐心去記錄自傳式的瑣事。茲舉二、三例如下：

三月二十九日

……昨夜寫完日記後，我突然注意到地板上有黑點從爐子底下漫出來。燃料管嚴重破孔漏氣。我擔心會引發火災，趕忙關上爐子，到處找備用管，卻怎麼也找不著，使我頗爲懊惱；不過，我從醫藥櫃裡「借用」膠帶，總算順利堵住漏洞。結果我一直熬到凌晨四點，火已熄，加上零下五十八度的氣溫，大半時間都在極冷中度過。結凍的金屬管使我三根手指脫了皮。

（稍後）今天是羅伯·費爾康·史考特隊長（Robert Falcon Scott，一八六八～一九一二，英國軍官，也是著名探險家，曾在一九〇一～一九〇四和一九一〇～一九一二兩度率隊探險南極，比前章所提的阿蒙森晚一個月抵達南極，可惜歸途時死於暴風雪中——譯注）逝世二十二周年，我重讀他不朽的日記。他死於與「前進基地」大致同緯度的羅斯冰盾之上，是少數幾位我尊敬的人之一；也許我比大多數人更能了解他所經歷的……

三月三十日

除非知道拖曳車隊安抵「小美洲」，否則我無法心安。我自責讓他們在此地耽擱太久。唔，二天後預定無線電連絡時間一到，疑惑便可豁然而解。我主要還是忙於修復地道，但因肩膀受傷進展不太順利；我心焦如焚，但不是由於肩膀疼痛，而是自己完全使不上力的緣故。至今我還是只能以臂部爲支點，設法以單手處理大量的冰磧……

三月三十一日

……沒有鬧鐘要早起床，實是不容易。這點倒令我想不透，因爲我向來只要在心裡設定時間，要幾時起床就能幾時起床，幾乎分秒不差；我天生有這本事。每當奔走全國各地巡迴演講時，從旅館匆匆趕火車的緊湊行程中，可以準時抵達從無差池。現在大概是太在意的關係，這本事反而不見了。夜裡，我躺在睡袋裡喃喃告訴自己：七點三十分，七點三十分該起床，七點三十分，豈料還是錯過時間了——昨天晚了將近一個小時，今天早上晚半個鐘頭。

沒多久我就發現一件事：在「前進基地」的生活節奏要規律化，靠的不是天氣，而是氣象觀測儀器。我有八個持續運轉的儀器：前面說過的自記氣象儀，不斷登錄風速和風向；由九個乾電池驅動，連接竿頂風向雞和風速計的電路；記錄紙的銅製滾輪是靠鐘表裝置轉動，得每天上發條；記錄紙上的線條間隔配合時間，每五分鐘一格，而在兩條線之間有兩支細筆，各代表風速和風向，固定記錄當天到隔日正午之間的變化。

另兩個儀器是記錄室內和室外溫度變化的溫度記錄器。所謂室內溫度記錄器是相當新穎的發明，最大特色是可以放在小屋內：一根裝滿酒精的金屬管從屋頂伸出，因管內酒精的縮脹作用，可以使牆上掛著的表面刻度紙盤上的指針上下移動。這刻度盤就在緊急備用無線電上方，盤上分二十四輻，代表二十四小時一轉，同心圓則代表度數，可精確記錄到零下八十五度。精巧的室外溫度記錄器作用相同，只不過是安置在百葉箱內，而且紙盤只須每週更換一次。

除了這些儀器外，在食物坑道還有一具自動記錄式氣壓計裝在皮盒裡，一支濕度計（不過，在低溫環境下不太準確），以及一支最低溫度計，藉由酒精的冷縮作用將管內的細針拉下。之所以用酒精而不用水銀，是因爲水銀在零下三十八度會凍結，純酒精則在零下一百七十九度仍可流動。這具儀器可以用來核對溫度記錄器的資料，安置在頂門附近的百葉箱內，有四個腳架支撐，約莫與肩等高，百葉箱四面爲複疊板，間隔一吋，空氣可以流通，又可防止冰磧飄入。

即便我有以一家之主自居的妄想，很快也會發現事實不然。因為這些儀器才是主人，我不是，加上我對儀器所知不多的事實，使我益發謙卑。我每天的生活，幾乎每個小時都奉獻給它們，不然就是從事與它們相關的觀察。

每天早晚八點，我必須爬上屋去看最低溫度值，然後猛搖溫度計，以便讓細針流動。接著，我會在頂門上站個五分鐘左右，端詳天空、地平線和冰盾，登記雲的密度、濕度或亮度，冰磧量和風速、風向（目視記錄器），以及任何有趣的氣象現象。這些資料全都一五一十地填入美國氣象局的一〇八三號表格。

每天十二點到一點之間，我得更換自記氣象儀和室內溫度記錄器上的登錄紙，筆和墨盒必須隨時補充，溫度記錄器也得上發條。星期一則輪到室外溫度記錄器和自動記錄式氣壓計，過程大致相同。

首次與「小美洲」連絡

四月天從復活節這一天開始，帶來了風和雪；東南風颳起漫天冰磧，也使氣溫在一天內從零下四十八度陡升到零下二十五度。三月嚴寒過後，雖不是很舒服的天氣，但絕對比較溫暖。早上十點，我初次嘗試以無線電和「小美洲」連絡。想到自己全無使用無線電的經驗，但爲了使連絡順利，最起碼設法讓對方了解我的意思，可讓我大費一番周章。因爲，萬一眞有什麼閃失，很可能就會跟「小美洲」失去連絡；我不擔心自己，而是替探險隊全體著想。儘管我已三令五申，他們也都答應服從命令，但我心知肚明，要是「小美洲」久久沒有連絡上我，他們肯定會不顧命令和自己的承諾，而一旦「小美洲」採取行動，很可能導致一場可怕的悲劇。越是知道自己的通訊能力事關重大，越是擔心自己不懂而壞事。雖然戴爾教過我怎麼修理，魏特也示範過如何操作，但每次一看到那些複雜的管子、開關和電線，我總是提心吊膽。我對摩斯密碼可說一無所知，幸好「小美洲」那邊可用無線電電話交談，我倒未必要解讀專業操作人員不斷發來的點線密碼。不過，回答時必須用密碼，我很懷疑自己是否有此能耐。

我在預定時間兩個小時前就已準備妥當。驅動發報機的油動式發電機擺在食物坑道中段壁龕裡，坑道中有個六吋通風管通到地表上。既然會產生油煙，當然不可能拿到小屋內來發動，不過爲了先給引擎驅寒，所以我把引擎提到屋裡，擺在椅子上，移近爐子，放了將近一個半小時之後開始滴水，我趕忙加進汽油和潤滑油混合液，再提回壁龕間，趁金屬還沒轉冷前，依外掛引擎的發動方式，以一根一端附有木柄、另一端打結的繩子轉動曲軸柄。繩結套進小飛輪內的V字槽，沿著飛輪繞了幾圈後使勁一拉。那天早上一發就動，時間剛好將近十點，我趕忙再把它提進屋裡。

接受器調到一百公尺。開關一開，眞空管全亮，儀表板顯示一切正常。我等了五分鐘，待管子熱開準備好。十點整，我戴上耳機，立刻就聽見戴爾清晰卻變調的聲音說：「KFZ呼叫KFY，這裡是KFZ，呼叫KFY，請回答。」我好像見習飛行員第一次單飛似的，緊張興奮兼而有之；我切入發報器，鍵入：「OK，KFZ。安好。隊上可好？」這是我努力想拼出的意思，但這點線長短音在我看來跟阿拉伯文無異，既混亂又不熟，拼到一半連我自己也忘了要拍些什麼。

不過，一會兒墨菲傳來消息說，「前進基地」小組和英尼斯—泰勒小組都已安抵「小美洲」。「全員平安，」他接著說道。聊了幾句後，他問道：「你那兒還好吧？」

我大受鼓舞，接著拍出比較詳細的回答：「很好，很努力。此地風速三十哩，下雪，可能還會起暴風。」

墨菲吃吃地笑起來：「我想約翰早料到了。此地還沒下雪，但東風帶來了不少冰磧。」這次連絡只持續二十分鐘，同時敲定日後連絡的時間：週日、週二和週四早上十點，若是錯過固定時間，每天同一時間亦可作緊急連絡。關機前，墨菲說：「戴爾給你這次處女作的成績是丁下，不過嘛，我倒是認為你的成績應該更高些。」

我回了一句：「沒錯，我是南緯八十度首屈一指的無線電操作員。」

當晚，我在日記裡寫道：「……拖曳車隊和英尼斯—泰勒小組安抵『小美洲』使我精神大為振奮。這是個好消息。經過數月的努力和焦慮，『小美洲』與我終於可以準備過冬，只要我們都依照常識行事，應不致有不測之禍。我可以自由評斷本身的狀況，盡可能善用這種體驗；此刻我有較往日更深的體悟，這正是我日思夜盼的。我必須承認，我感到悸動莫名。」

我終於可以暫時放鬆，迎接即將來臨的狂風。二日星期一，轉吹東風之後，風勢稍強；星期二，風向轉北，風勢更強勁，氣壓計探底；我萬分好奇地盯著自動記錄式氣壓計的紫線直落：十六個小時之間，急降三分之二吋，到了午後五點半左右，紫線滑出記錄紙右下角。室外氣壓計最後降到二十七·八二吋，若室內氣壓度數也降到這個程度，便可預見必有比佛羅里達風暴更強烈的颶風（標準海平面氣壓為二十九·九二吋汞柱，一般地表附近的氣壓是隨高度增加而遞減。過去記錄最高和最低海平面氣壓為三十二·〇一吋（在西伯利亞中部）和二十五·九〇吋（在南太平洋颱風中）——譯注）。驚天動地的狂風在空氣中醞釀。風颳著屋頂，風向雞嘎嘎急轉，最後變成嗚嗚之聲，冰磧從入氣口飄進來，堆了一地。我爬上屋頂作最後一次觀察時，強風急驟害我差一點推不開雙動頂門，而冰磧急灌而下直令人喘不過氣來。

不過，這種氣壓異變只是聲勢嚇人，其實在高緯度地區不足為奇，第二天早上我查對一下風速紀錄，發覺昨夜風速並沒有超過每小時三十五哩。四日星期三，仍是風聲呼呼，氣壓依舊攀升。這一天，我發現燃料坑道的篷頂因冰磧堆積而凹陷，帆布則在支撐的厚木板間鼓出，且有兩塊板子不見了。我唯恐整個坑道會坍方，憑我一條胳臂勢必無法在下一次雪暴來臨前清理坑道，於是盡可能地以箱子和二乘四吋的木條撐起篷頂。狂風之後的寒意會帶來新雪，堆積在坑頂硬橋間；為了加速工作進度，我花了好幾個小時用爐子融雪，再倒在較薄弱的地方。這時氣溫是六度，比起我已習以為常的三月間零下六十度，可說是相當暖和了；不過，寒風依舊冷入骨髓，我的鼻頭和兩頰凍得隱隱作疼。我忙著以爐子融雪，沒有吃點熱食裹腹，當晚就寢時已是筋疲力竭。

四月五日

今天早上，我一醒過來，從風聲便可判斷風勢已歇，不過冰磧仍然從通風口和煙囪飄進來。我忙不迭穿好衣服，匆匆爬上樓梯，準備進行早上八點的例行觀察。然而，我用沒受傷的肩膀去頂雙動頂門，頂門卻是文風不動。我雖然睡眼惺忪，冷得發抖，依舊使勁往上頂，門板還是動也不動。這時我突然想起它雙動的特徵，趕忙拆下支撐的釘樁，使勁往下拉；這招也不管用。我踹開梯子，左手吊在把手上，全身晃盪，頂門還是不動分毫。這可嚴重了。我一鬆手，落在陽台地板上，茫然失措中，陡地腦海掠過一個念頭：這回你可被困住了；你跟雙動門都「卡住了」。

我拿起用繩子栓在脖子上的手電筒，從陽台一大堆雜物中找出一根二乘四吋的長木條權充撞擊器，以左手持棍，右手平衡，垂直搗了約莫十五到二十分鐘，終於撞出一點裂縫。我站在梯子上，用背部去頂門板，好不容易頂開一道剛好容人鑽身出去的出口。一到了地面上，我立刻就知道問題所在。昨天我到食物坑道工作時，小屋門開得太久，熱空氣使得頂門四周的雪融化，熱氣一消失，融化的部分變成寒冰，結果就把頂門給卡死了。

癥結不止是結冰而已，頂門上還堆了二呎半厚的冰磧。我注意到，吹東風時，通風管和儀器百葉箱正好迎風而立，而冰磧就是堆在風管和百葉箱後方。此外，我還注意到，小屋安置的深度不夠，也是造成屋頂上堆積硬雪的原因。由於頂門是在小屋的西側，而冰磧碰到凸起的物體時，就會像船的尾波一樣在背風面呈扇狀堆積。

未雨綢繆挖掘通道

這一整天，除了氣象觀察的時間外，我都忙著劈、挖和鋸開這座礙事的冰丘，盡量把小屋四周剷平。一天下來成效還算不錯。風勢雖已減弱，依然捲起漫天冰磧，我可不願重蹈昨天的覆轍。這扇寶貝頂門失靈的經驗，使我興起急需另開一道頂門的念頭。事實上，我已經盤算好，而且在雪暴期間就已斷斷續續動工了。

我的想法是，在朝西的食物坑道上開個孔，再依直角挖出一條朝南的通道；這個方位是經過仔細研究之後所作的選擇。依我對南極氣候的經驗，東風最爲常見、強勁，且會帶來冰雪、捲起冰磧。既然我無法阻止冰磧在煙囪管、通風管、儀器百葉窗和小屋的背風面堆積，因此，在食物坑道和燃料坑道上方再開第三條坑道出冰磧區，是順理成章的舉動；儘管這樣，仍不能說絕對保險，因爲很快就會吹起北風或南風，在原有的冰磧堆直角方向再堆成新的冰磧脊。冰磧似有相互助長的作用。說也奇怪，雪本身並沒有增加多少，甚至可以說大部分都被吹光了，即使「帝國大廈」聳立在南極，終究還是會被冰磧掩埋。

我從食物坑道中段、放置無線電引擎正對面的凹壁開始動手，打算在距地表二至三呎下方，挖出一條長三十到三十五呎、高約六呎、寬四呎的通道，通道末端再挖一條豎坑通到地表下一呎地方，一旦另一頭的出口堵住，即可打通這片薄冰層直上地表。不過，我每天最多只能挖個一呎左右。「我只有左臂管用，就算只是一呎也挖得相當辛苦，」我在日記裡寫道。「我鋸下冰塊，搬到頂門拋到地表上，再用人拖的小雪橇拉到相當遠的背風處。」

不了解南極冰雪特性的人，聽到鋸冰塊可能會感到大惑不解。羅斯冰盾上的冰雪是因極冷而融合，而非熱氣融解後再凝結，所以又硬又脆，跟沙岩沒有兩樣，稍一摩挲就有冰狀小球體剝落，色澤之潔白前所未見，但完全沒有冰的光滑和透明。新雪凝結成結晶狀後，人走在上頭不會留下痕跡，使用滑雪板則像滑在冰河上，往往控制不了地滑溜出去；若是鏟子碰上這種雪，就像碰上石頭一樣鏗鏘有聲，而且剷不動。我用的是二呎手鋸，先鋸出塊狀，再用鏟子撬開，如此，冰塊上留下鋸痕和碎片就容易處理多了。

事實上，這條逃生通道雖是防患未然，卻也不是白費力氣，因為它變成了我的飲水供應來源。我只需鋸出適合水桶大小的冰塊，像柴火一樣堆在陽台就行，只不過融雪十分費事，我著實不喜歡：兩加侖的雪在爐子上加熱好幾個鐘頭，只能產生兩夸特的水，因此，水桶得時時不離爐子，而小斗室裡一擺上水桶，便無其他東西容身之處。我越來越討厭這只薰得焦黑、表面凹陷、貪得無饜的桶子，有一回，水桶翻倒，存作晚餐時使用的水全部灑在地板上，我欣然地將桶子一腳踹到對面牆角；俯身拎起桶子時，我瞥見自己映在刮鬍鏡的影子，鏡中的自己果眞咧著嘴笑得甚是開心。

四月六日

我睡得很熟，這是一大樂事。不過，我還是無法準時起床——今天早上遲了四十五分鐘——這眞的十分令人討厭。我不曉得自己爲什麼會喪失想什麼時候起床就可以起床的本事，總之，我得想個辦法才行，否則漫漫永夜，一來天地無光，可就不知何時該起床了。

我不斷清除天窗上的積雪，以便享受僅剩的白晝光線。可是，三個天窗大部分時間都結霜，一旦天花板溫度超過冰點時，霜一溶化便滴滴答答落在地板上，變成一根根冰筍，而且寒冷透心肺。我用溫度計測量過，當我一坐下來，腳部的溫度比頭部要低上十到三十度……

四月七日

半年的永晝時光慢慢消逝，黑暗悠悠降臨，即使在晌午時分，太陽也不過偶爾在地平線上露出半邊而已。天寒日暗，即便是最亮時辰也照不出影子。天朦朦，地森森，這是生死一線的時節，想必世界末日來臨時，最後一個人所看到的世界大概就是這種光景了。

四月八日

若不是肩傷未癒，以及氣象觀測儀器（原是為較暖和的地方所設計）問題層出不窮，在準備迎接即將來臨的黑暗上，我應該會有更多的進展。種種突如其來的小事，不斷要我花許多時間去處理，極為煩人。舉例而言，即使沒有冰磧，三吋半的通風管口每隔三、四天就會被冰（或是介於雪和冰之間的雪粒）堵住。我想，大概是凝結作用的關係，可得格外注意，無論如何都得保持良好通風。通風管是以U形夾固定，我只消將管子拉出，取下來放到爐子上即可。可是管內冰狀結晶敲不出來，非得用融化的不可。

更糟的是，煙囪頂部末端也有同樣的毛病。每到用餐時候（或熱爐時），冰一融，彎頭的孔就會滴水，幸好位於正下方的自記氣象儀有個玻璃蓋子，否則早就不能用了。我在彎頭下方綁個罐子盛水，但煙囪堵塞卻讓我相當擔心；除非爐子的煙能順利逸流到地表上，否則我可麻煩了……

瑣碎生活中找樂趣

四月上旬在匆忙中過去了。我埋首於各種小工程中。除了逃生通道之外，最難的是復原食物和燃料坑道。這兩條平行的坑道從陽台延伸出去，中間隔著一道三呎厚的雪牆。兩條坑道彷彿地窖伸手不見五指，我在裡面工作時都是靠防風燈或手電筒；在人爲光線的照明下，坑道中散發著令人屛息的光華，帆布頂上的結晶冰宛如枝狀燭檯般耀眼生輝，牆壁則是藍光熠熠，纖毫畢露。

在燃料坑道裡有四桶五十加侖的煤油桶，每桶各重約五百磅，分別放置壁凹內。另外還有三百六十加侖乾洗溶劑汽油，分裝在十二加侖的桶子裡，各重約九十磅，以方便提取到屋內；九十加侖無線電發電機專用的汽油分成兩桶，放在坑道末端。除了這些桶子都是直立以防塞口漏油之外，這地方每每令我想到法國酒窖，尤其是在風燈前走動時人影幢幢的光景。

食物坑道開在大門正前方，是個截然不同的地方，它的牆壁都是由食物箱子堆成，需要什麼東西時，只需用鑿子撬開取出即可，箱子仍留在原處當牆壁。我擔心的是，箱子堆得相當混亂，而且往外鼓出來，豆子、罐裝肉類、蕃茄汁和雜物箱莫名其妙地混在一起，坑頂也已經凹陷。在我越來越覺得應講究整齊之際，這一切看來自是頗爲礙眼。因此，我利用空閒時間全盤重新安排。

我不想操之過急。極區給我最大的教訓是：耐心。每件工作做不到一小時，我就改換別的工作，如此一來，在所有重要的事情上每天都可以看到少許進展，同時又可避免無聊生厭。極地生活基本上十分單調，這是添點花樣的方法。

能忘卻文明的人，這類花樣俯拾即是，這是羅斯冰盾嚴酷條件使然。我時時感覺到，自己好像是冰河時期最後一位生存者，極力運用這默然自得、變化無常的世界所賦予的脆弱工具求生。寒冷會造成一些奇怪的情況：在零下五十度的氣溫下，手電筒在手中失靈；零下五十五度時，煤油結凍，火焰在燈芯上熄滅；零下六十度時，橡皮會變脆。記得有一天，我扭彎天線想接個新接頭時，天線啪地一聲折斷；零下六十度時，寒意會入侵到儀器中極微細部分，使油結凍、儀器嘎然而止。若是有極微細的風吹來，你甚至可以聽到自己的呼吸，像鞭炮般咻地飄走。晨露亦然，所有暴露在外的物體都會結上一層白霜。要是工作太用力、呼吸太急，偶爾會感覺肺部好像火在燒一樣。

儘管四月相對地較溫暖，但仍是寒意逼人，促使我不得不想得更多。醫療包裡的諾佛卡因（Novocaine，藥品商標名稱，是一種局部麻醉藥物——譯注）結凍，玻璃試管凍碎；燒夷彈裡的化學物質也一樣凝結；兩箱蕃茄汁的瓶子爆裂。取出罐頭食品後，必須放在屋內爐子邊一整天方能解凍。天氣極冷時，煤油和乾洗溶劑汽油卻像潤滑劑一樣流動，我在坑道挖個地洞，用一根塑膠管當虹吸管，以便延長其流動的時間。風向雞和風速計的電力接頭上老是結霜，有時我一天得爬上十二呎長的風速計桿子去清理二、三回；這可是件苦差事，尤其是在狂風襲人的夜裡更是辛苦。我兩腿纏著細桿，雙臂翻過磁夾板，一手拿著手電筒，一手用小刀刮除接點上的冰霜；我堪稱是全世界最寒冷地區的擦桿人，下得桿來手指、腳趾、鼻頭和臉頰都已凍僵。

早上屋內總是奇寒無比。我睡覺時開著門，醒來室內溫度（依地表的天氣而定）在零下十度到四十度之間。夜間呼氣成霜，睡袋結了一層；襪子和靴子被餘汗凍得硬梆梆的，首先得將雙手呵軟。掛在床頭掛釘上的絲質手套是我一起床就得戴上的，不過即使有手套保護，在點燈和生火時，手指一碰到爐子，依舊炙痛異常。指尖老皮剝落，新皮初生，有一陣子會疼得令人受不了。所以說，問題層出不窮，而有些問題卻是來自我的無能。首先，氣象觀測儀器讓我吃足了苦頭。針筆停擺，登錄線條糊成一團，儀器本身也好端端地就不動，不過，我總能想出解決的辦法。我學到了加甘油沖淡可以使墨汁不結凍，以及如何用汽油「切下」儀器內結凍的油、用不受寒冷影響的石墨擦拭精密零件。

不過，我雖扮演「可敬的克賴頓」（James Crichton，一五六〇～一五八二，蘇格蘭著名學者和演說家，以道德修養、記憶力、語言才能和辯才無礙著稱，故有「可敬的克賴頓」雅號，後因遭一王公妒嫉而遇害——譯注），其實仍不值得一提。以海軍的術語來說，我在「前進基地」的巧思，充其量只是「應變」，很多都通不過「船長檢查」。就這一點而言，一切自有公斷，本人不擬抗辯。身爲軍官，所學所習是雙手親力親爲，我的標準事實上很低，要言之，不過是重做海軍官校時期「二．五之神」（God of 2.5）的虔誠信徒而已，這是由特庫姆塞（Tecumseh，一七六八～一八一三，肖尼族印地安酋長，率領印地安聯盟抵禦白人入侵，曾率部眾會同英軍參加一八一二年對美戰爭，後戰敗被殺——譯注）爲代表的勉強及格之神，當年我還是海軍官校學生，以行進隊伍前去考試時，就常在他胸像前獻些薄禮。以軍校的標準來說，我在「前進基地」獨炊的成績準會「死當」。

早餐不過是喝點茶配全麥餅乾，可以不算；午餐通常是從食品罐頭中取出蕃茄汁、愛斯基摩餅乾，偶爾配上冷凍的薰牛肉、牛舌或沙丁魚等。這兩餐我可以很熟練地準備，但持平地說，探險家一天最重要的晚餐——饑寒交迫之餘，莫不滿心期待這熱騰騰的一餐——卻是每天大出洋相。

只消閉上眼睛，一樁樁「炊事慘禍」瞬即重現。其中一樁我在日記中稱爲「玉米粉事件」。有一次，我把適量的玉米粉倒進鍋裡，加點水，放在爐子上煮。誰知這道簡單的菜卻生出像有九頭龍的大怪物。玉米粉呼嚕呼嚕地脹了又乾，乾了又脹，我只是不以爲意地不斷加水，驀地鍋子裡的玉米餬漿有如維蘇威火山爆發一般，不一會兒工夫，手邊的鍋鍋盤盤都用上了，還是裝不了不斷溢出的玉米餬漿。漫出爐子、噴上天花板、濺得我一身都是，若不果斷採取行動的話，準會被淹死。於是我抓起鍋子，一個箭步衝到門口，使勁地丟到食物坑道盡頭。岩漿似的金黃色玉米糊仍然不斷漫出來，好不容易才被寒氣凍住。

類似的亂子還不少。例如四月十日的「乾利馬豆事件」，我在日記裡肅然寫道：「利馬豆吸水之多和所花時間之久，簡直教人嘖嘖稱奇。結果到了晚餐時候還是半熟，數量卻多得讓一整艘船的弟兄吃還綽綽有餘。」我第一次吃果凍甜點，刀子一碰卻像皮球似的彈開；烙餅黏在鍋子上，須用鑿子剷開（四月十二日的日記裡，我以譴責的口吻寫道：「而你，曾經是各大宴會的座上客。」）。到「前進基地」前，我很怕參加宴會，但在四月晦暗的日子裡，我卻竭盡腦力回想宴會的光景。我所能想到的只是里肌小牛排，黑黝黝的跟舊軍靴一樣，不然就是焗釀龍蝦、三角叉上烤乳鴿、萵苣上堆著雞肉絲沙拉。這些都不是我食物櫃裡的材料做得出來的簡單菜色，我試了一下，結果屋裡瀰漫著刺鼻氣味，平底鍋則留下一層黏糊糊的殘餘物。不過，食譜雖然不見了，結果倒不是完全失敗。我決心要做出一道像樣的菜來，於是把剩下的雞肉掛在爐子上，解凍兩天，加上鹽和胡椒煮上一整天才端上桌。湯頭雖是意外的副產品，卻是出乎意料的美味；當晚，我打開一瓶西打，遙敬艾柯菲耶（Georges Anguste Escoffier，一八四六～一九三五，法國名廚，十九歲時習藝巴黎，普法戰爭時爲萊因軍團主廚，以化繁爲簡的料理著稱，所著《烹飪指南》〔*Le Guide Culinaire*〕一書，堪稱全球廚師的教典——譯注）一杯。

極地的白晝與黑夜

四月就在這種情況下過去了。晚上在牆上大幅的行事曆上劃去一天，是我每天最後一樁例行公事，而早上起來第一件事，便是確認前一天是否塗去了。地面上白晝日消，夜色從四面八方而來。自二月底以降，太陽就已從每天周遊的天空落下，夜裡日落逐漸提前，早上日出相對地一天比一天延後，如今，白晝在這緯度上只剩二星期不到，太陽只是一顆似乎無力升出地平線的巨大球體，沿著地平線滾動幾個鐘頭，煙霧迷離看不十分眞切，正午過後不久便在北面消失。我悵然凝望，好像目送漸行漸遠的情人。

四月九日

……剛才（午後九點）我見到異象。起先它是一團火球，比太陽小但更加紅豔，約在二〇五度方位，認不得是什麼東西。我下屋去拿野外雙筒望遠鏡，繼續觀察。它從深紅色變成銀色，有時會倏然消失。乍見之下，它的龐大令我大吃一驚，觀察許久之後終於看出，原來是四顆晶瑩的星星呈一直線排列。也許不是四顆，而是一顆星星經冰晶折射出三個幻影……

四月十二日

……天色晶瑩剔透，溫度約爲零下五十度，南風輕吹，讓皮膚有一種炙燒的感覺。天空光線日日消褪，從南極軸掩來的夜色，正午便已紫氣當空。今晨九點三十分日出，但幾乎一直貼在地平線上，好像紅色大車輪，在羅斯冰盾邊緣上滾了兩個半小時，到了正午時分，日出和日落歙然相合，再滾動約二個半小時之後，漸漸沉入地平線下，只留下一片殷紅。這景象宛如日蝕，冰盾上籠著人間罕見的微光，落日猶如大火坑般衝出漫天紅燄，照得雪地上紅光瀲灩。

在國內，我常見的是日出東方，經過上方天空，垂直落下西方地平線。但是此地的太陽活動呈現極端，規則全然不同。春天時，第一次日出在正午，最後一次日落在子夜；秋天時，有一個半月是天天日出日落，接下來四個半月是日不落，也不行經天空，只是跟地平線幾乎平行的滾動，高度絕不會超過三十三．五度；秋天的第一次日落在子夜，之後日落的日常時間在正午，接下來的四個半月沒有日出，反而漸漸下沉到地平線下十三．五度，然後再緩緩上升。我現在所處的正是白晝只剩奄奄一息的期間。

有些人以爲，極地之夜是戲劇性地陡然降臨，其實不然。不是突然阻隔白晝，也不是倏地降下黑夜，而是有如滔滔不絕的浪潮一般，漸進累積而成的結果。夜如潮，每天沖進一點，待的時間也久一點；日如岸，每天縮小一點，直到最後全部被潮水淹沒。因此，旁觀者非僅不會感到倉促，反而覺得像是一件無可估量的大事，以亙古如一的毅力終底於成。白晝的消失是漸進的過程，由微光的介入來調節，當你抬頭望去時，白晝已逝，但又不是完全消失；日落地平線之後許久，太陽仍然投射出微弱的白晝之光，你可以循著光線看到它在地平線下的活動。

這時，平日疏忽的感覺變得極爲細膩敏感，那是最美妙的時刻。你可以站在冰盾上，只需眼觀、耳聞和去感覺。清晨白霧迷離，深邃難測，舉目見不著任何東西；你也許會被雪面波紋絆倒，也許會繞冤枉路以避開根本不存在的障礙，也許要靠恍如拔地而起的巨大電桿，實則是細竹標來辨識自己身在何處。我敢打包票，在這樣的日子裡，儀器百葉箱準會變得像輪船般龐大。在這樣的日子裡，東北角的穹蒼畫成羅斯冰盾岸頭，絕壁千仞，纖毫畢露，景色壯絕，前所未見，當然，這只是海市蜃樓，但未曾見過如此景象的人定會指天爲誓，堅信它眞實不虛假。午後的景象是如此晶瑩剔透，你甚至不敢出聲，免得它片片碎落。在這樣的日子裡，我曾親睹天空有如小球體般碎裂，化成片片虹光飄然而下——冰晶滑過太陽表面。冰雨一落，地平線上驀地湧出一道白光，劃過太陽中心，隨即形成第二道光影水平掠過太陽，構成絕佳的十字形；霎時，兩輪細日各呈綠色和黃色，同時向兩側彈去。這幻日光景是最壯觀的折射現象，美不勝收，舉世無儔。

四月十四日

……下午四點，我在華氏冰點下八十九度作每天例行的散步。太陽已降落地平線下，一道紫藍色的光芒——顏色之深前所未見——咻地一湧現，眾色齊消，只剩下落日餘暉。

正西方，天頂位（zenith）一半的地方，金星高懸，宛如晶瑩鑽石，而對面東方的天際，一枚星星如同金星般在藍海紫光中閃爍；另東北方的天空，銀綠色南極光搏動輕顫。羅斯冰盾一片白茫茫，極目所望銀灰色一片，單調中又有淡雅虛幻之感。眾色消融，天黯星稀，景致顯得單調，但這樣的光景組合卻是妙到極點。

我駐足聆聽虛寂。我的氣息結晶掠過臉頰，乘著比耳語還要輕柔的微風颺起，就如懸掛在天上的雲彩一般。風向雞直指南極。寒意凝住了微風，輕輕轉動的風速器也跟著嘎然而止。

白晝將逝，黑夜在安詳的氛圍下來臨。這就是秩序（cosmos）、和諧與靜謐的奇異進程和力量。和諧，沒錯！這是由寂靜所生的一種輕柔律動、一種絕佳和弦的調子，也許這就是天籟。

能夠捕捉這律動，將自己暫時融入其中，於願足矣。在那當下，人與宇宙合而爲一，殆無疑義。這種信念來自極規律、極和諧、極完美的律動，絕不是偶然所致，因此，在這大圓融中和人類是這大圓融的一部分，必有它的深意，絕非偶然衍生。這是一種超越理智的感覺，直指人的絕望乃是毫無來由。宇宙是和諧秩序，不是混沌，人類理所當然地跟白晝與黑夜一樣，也是這和諧秩序中的一部分。

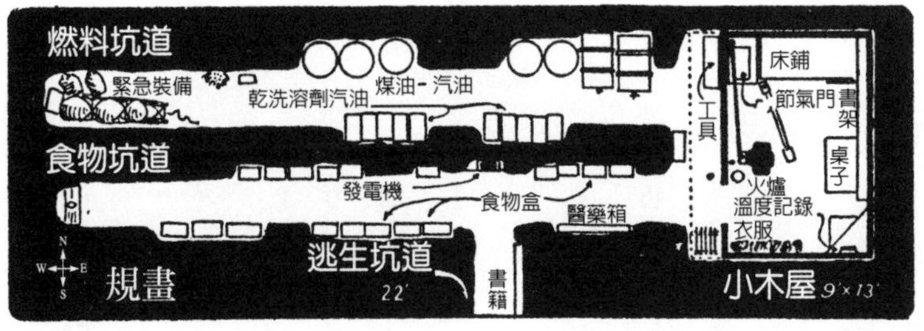

四月 二、無盡的夜

頭頂上的極光形狀開始變化，形成一條大蛇，往天頂方位緩緩移去，東面的小極光也擴大變亮，而幾乎是同時，高懸極地上的簾幕摺紋，也彷彿受到天人撥弄般開始波動起來。

四月十五日

我已經設法弄出最熱的水，煮了兩個小時的乾利馬豆。現在時間是九點，乾豆仍然硬如花岡石。我以大角匙試試軟度，看看它是否得煮上一整夜。

……今晨再跟「小美洲」連絡。跟前兩次一樣，這可是重要作業，因此我不敢小覷，希望儘可能使作業系統化……不熟悉摩斯密碼，著實使工作更形複雜，雖然我把字母表釘在電鍵旁的桌子上，但要把對話轉換成點點線線還是相當困難，更甭提是用拇指和食指敲出來了。

於是，我靈機一動，趁引擎還在爐子上熱機的時候，趕快坐在桌旁，把心裡想說的話寫在紙上。我是以中文直書的方式，一個字母參著一個字母，字母旁邊再寫上點線密碼。這一招本來還管用，但後來墨菲隨興所至地聊起探險等事情時，可就麻煩了。我手足無措，簡直像身著緊身囚衣的拉丁人接受偵訊時，舌頭打結，既說不出話來，也無法作手勢。也許戴爾在研究工程之餘，也學過讀心術吧，居然能了解我的意思……

我今天的第一個問題是：「肯恩．勞森怎樣了？」墨菲接口說，勞森的脖子還是有毛病，但除了他之外，「小美洲」每個人一切安好。

墨菲向我簡報「小美洲」的氣候；不出我們所料，那兒的溫度比這裡平均高出十五到二十度。

能這樣跟「小美洲」談話，確實令人寬心，另一方面，在我心中卻深深希望最好不要有無線電，因爲它使我跟外界言論和紛擾難脫干係，謝天謝地的是，起碼我自己無法廣播。原因是這具無線電無法傳送聲音，再則是發電機燃料不足，無法以密碼送出長篇大論。墨菲會設法讓關心我的朋友知道此地的情況，倒是我自己有可能哪一天會難耐好奇心，忍不住詢問股市行情，以及華府有什麼大事發生。以我個人岌岌可危的財務狀況而言，任何風吹草動都可能帶來騷動和不安。

用無線電連絡之後，我發現壁龕內的發電機因熱氣凝結，管子堵住了一大半，使得坑道內煙霧繚繞。這雖不是我所樂見，卻苦無辦法解決。今天的溫度在零下五十到六十度之間。

四月十七日

今天值得大書特書。我找到食譜了！今天早上，我在放導航器材等雜物的帆布袋摸索時，不期然找到這本寶貝食譜，不禁喜出望外地歡呼大叫，聲音之大連我自己都覺得不好意思；我赫然發現，這也是二十天以來，從我口中發出的第一個聲音。

我敢說，一本被冷落棄置的書受到如此廢寢忘食的閱讀，大概是前所未有的事。遺憾的是，一本食譜解決不了烹飪所有的問題。它沒告訴我怎樣讓煎餅不沾鍋。因此，我利用今天無線電連絡的機會，請墨菲問問營內是否有人知道如何解決，我解釋道，抹油無濟於事。墨菲的回答輕飄飄地傳了過來：「你可考倒我了，」他說：「我這輩子不曾做過菜，依我看，你最好改變一下飲食方式。」

「問問廚子。」我努力拼出一句。

「迪克（Dick，李察的暱稱——譯注），就算你快餓死了，」我這位朋友答道：「我還是不太相信只會揮舞菜刀的伙頭軍。」

「問問別人。」我還是不死心。

「我看這麼辦吧，」墨菲說道：「我拍個電報給沃爾多夫（Waldorf，紐約一家著名的旅館——譯注）的奧斯卡請教一下。茲事體大，千萬冒險不得。」（墨菲言而有信，果然在十四天後，興沖沖地唸著奧斯卡的親筆回函，重點是使用牛油鍋子。至此我完全死心，認命地繼續用我的鑿子。）

今天還有一樁大事，就是：太陽不見了。正午時分，太陽在地平線上匆匆露個臉便永遠落下。失去太陽，我並沒有特別的感覺，也不羨慕「小美洲」那兒冬夜較短。我雖不明其故，但不外乎微光流連、黑夜增長已有多時，使我早有心理準備。我告訴自己，要是太陽不消失，問題才嚴重呢，因爲這意味著地球兩軸的方位出了岔子，整個太陽系大亂。

四月十八日

今天我在地表工作了好幾個小時，剷雪，還有清理逃生地道的積雪。我滑了一跤，正好是受傷的左肩著地，簡直疼徹心肺。我氣喘吁吁，顯然肺部受了凍寒，因爲到晚上，一呼吸便有炙痛感。氣溫零下六十度，我最後一次上屋觀察時，燈油結凍，火光頓熄。……今晨，我發現爐管結冰的情況更嚴重，可得想個辦法解決才行。這冰硬得出奇，我花了好多時間才將它剉掉。

愼重考量通風問題一、二天後，我決定變更原本在屋子中央的通風管位置。這是條U形管，其中一條彎管凸出地表約三呎，從屋外通到地板下，再從屋內一根幾乎高達天花板的木柱旁的豎板透出，利用重力作用送入新鮮空氣。這種設置雖然不錯，但經過一個月的試驗，確定必須加以改變。一則因爲這根柱子就在屋子中央，十分礙事，我撞到不下一百次。不過，這畢竟只是不方便而已，眞正的原因還是這種設施沒有充分發揮作用。早上，冷空氣下沉，好像凝固的流體，午後生起爐子時，我腦袋周邊的空氣轉熱，但地板和角落上仍舊寒意襲人，只隔一、二步之差，就有赤道之暖和極地之冷的差別。我希望溫度盡可能均勻分布，更重要的是希望有更多的空氣。

我的看法是，若把出口彎管移到爐子附近，管內的熱空氣所產生的眞空效應（vacuum

effect）應該可以引進更多的空氣，讓室內空氣流通會更順暢。由於既沒有彎管接頭，工具又只有鐵錘、鋸子和扳手，我不知如何是好，著實迷惑了好一陣子。最後，我以簡單的方法解決。我卸下木柱和管子，把木柱鋸掉七吋，釘在地板中央的通風口上，上面再釘牢厚帆布，做成盒子狀，然後從旁邊接上管子，穿過床腳下的地板。我鑿穿五加侖空錫罐的頂部和側面，充當第二個接頭，然後在罐頂安上一個管架，管子頂端彎向天花板，跟煙囪管平行靠牢。

我一直忙到凌晨三點才完工，結果雖稱不上是空調技術的一大進步，但屋內空氣的流通已有明顯的改善。出氣口掛著一張衛生紙啪啪飄動就是證據。而且，拆掉中間礙事的柱子後，屋內的空間似乎大了一倍。儘管做這樣的處理還是有美中不足之處，例如我現在不是撞到木柱，而是常被管子絆倒，不過多出來的空間已足以彌補不便。第二天早上起床時，室內溫度是零下三十度。改裝後的新設備確實相當有效。

自我管理痛改前非

白晝雖已消失，微光依然流連。正午時，北面地平線仍見迸出紅、黃和綠光。正午前後有幾個小時時間，我可以工作和到冰盾上散步，但早上和午後卻是暗黑如夜，不知不覺使我的例行工作受到限制。現在除了氣候觀察之外，還得在每天早上十點和午後一點、四點、七點與十點，進行五次極光觀察。極光變化萬端，時而呈光線，時而呈弧狀、帶狀、帘形或冠狀，不一而足。我站在雙動頂門上，辨識其結構，並觀察方位、中心和末端的大致高度等相關資料，然後登錄到一本專用的簿子上；極光觀察和氣象觀察一樣，都是和「小美洲」同步進行，以供日後詳細比對。這樣開始的一天，絕不是有餘裕的一天，在我還沒摸熟之前，生活中似乎充滿著忙碌，以及各不相干的小片段，很難串聯起來。

我本來就是個有點隨興而爲的人，凡事看心情和實際需要，在閒暇時間才工作。我這種無厘頭似的習慣，對跟我一起生活的人而言尤其苦不堪言。探險家往往以家爲辦公室、徵募站、總部兼貯藏室。我每次探險都是以家爲動員和復員中心，電話整天響個不停，人來人往好像公共場所似的；客廳、臥室和櫃子，乃至每一個騰得出空間的角落，都堆滿皮靴、睡袋、乾肉餅和日晷，三餐也不曾準時過，因爲我這個老爸不是在打長途電話，就是跟老船友閒聊、準備演講或出門。一想起前塵往事，我總不免訝異內人是怎麼把四個孩子調教得如此聰明伶俐，個個做事井井有條，跟他們的老爸簡直判若兩人。顯然他們是以老爸的隨性爲鑑。不過，我倒是常跟孩子說，他們可以母親爲正面範例，以父親爲反面借鏡，知道什麼可以做，什麼不可以做，這是何等有幸。

我在「前進基地」痛改前非，但我修正自己的行爲，倒不是有愧於心，而是出於實際需要。從一開始，我就體認到此地環境特殊，把日常事務弄得規律和諧，乃是唯一也是長久之計，否則只有徒增幽居的孤寂，是以我這最沒有條理的人，盡量在把每天的時間排得滿滿的同時，也盡可能按部就班。我習慣每晚熄燈就寢前，先大致規畫明天的工作。一旦清理坑道打點好屋內，我就有更多閒暇時間。不過我在規畫每天的作息時，很少設定特定的目標。譬如說，我安排自己一個小時在逃生坑道，半個小時清理冰磧，一個小時整理燃料桶，一個小時在食物坑道的冰牆挖出書架，兩個小時修理人力雪橇上斷裂的橫桁。

若是時間不夠也無傷大雅，改天再繼續就是了。這樣分配時間的方式，既有一種自我管理的成就感，又可賦予最簡單的工作些許意義，可說是一大樂事。若非採取如此或類似的方式，就會漫無頭緒，而漫無頭緒的結果，自然是搞得一團亂了。

四月二十一日

早上最辛苦。一大早就得摸黑工作本來就很辛苦，對我則是苦上加苦。寒冷和黑暗會逐漸消磨體力，而置身其中的人也許要隔許久才會有所察覺，如心思變得遲鈍，神經系統的反應也相對地緩慢下來。今天早上，我不得不承認寂寞難耐。我雖已竭盡所能，但這寂寞太強烈了，實在無法輕易排遣。我不能耽於孤寂，否則就完了。

在家時，我通常一醒過來就神清智朗，在這裡可不然。我好像迷失在星際太空的荒寒廣漠中，總得花上好幾分鐘才能收攝心神。屋內一片漆黑，無影無聲，教人不辨方位，雖然已經過了這麼些日子，我還是常常自問：這是什麼地方？我在這裡做什麼？我常豎起耳朵，彷彿想在這無聲無息的地方聽到什麼聲響似的。啊，有了。滴答，滴滴答答，滴答，架子上自動記錄器和溫度計忙碌而親切的聲音，聲聲清晰分明，我可以尋聲辨位，就好像從暗黑無垠的汪洋中冒出來的水手，可以依循近海的鳴鈴浮標沿岸而行。

我不想起床，只是躺著靜聽這些清晰明快的鼓動，然後在心裡把它們編織成一段段對話、韻律，乃至短篇小說。它們具有愉悅、麻醉的效果。可是稍微一動，便干擾了睡袋內絕妙的溫度平衡，頓覺一股寒冰之氣直灌背部和腹部。我一想到腳丫子接觸地板的光景，頓時冒起雞皮疙瘩。然而，我必須起床去進行早上八點的觀察，於是我躺在床上，鼓足了起身的決心；離開睡袋，我摸黑在床頭邊的架子上摸索，找到處理冰凍金屬時保護手指的絲質手套。戴上手套後，我點起床頭外的掛燈。燈芯結霜變硬，很不容易點著；火著了又熄，熄了再點，又熄掉，好不容易才在燈芯上固定下來，流動的弧光緩緩擴散，燈火昏黃搖曳，現出屋內的一事一物。但這燈光畢竟太過幽暗，仍然照不到對面牆上的東西。但對我而言，這熒熒之光已不啻是奇蹟。有了這光才能展開新的一天，心靈才能擺脫黑暗，身體也才能揮去麻木感。我睡覺時只穿內衣，褲子、襯衫和襪子都堆在桌上。不用說，我穿好衣服的速度比消防隊員還快……

「前進基地」的一天於焉開始。次日，我從「小美洲」飛來此地剛好屆滿一個月，於是我利用餘暇，寫下從起床到就寢之間的點點滴滴，全文洋洋灑灑將近三千五百字。這一天剛好是星期天；在「前進基地」，時間的流動跟任何一天並無不同。由於全文描述的是典型的一天，所以我決定列入書中，只不過稍加刪節，以免流於重覆：

四月二十二日

……整裝後，我所做的第一件事，當然是生起爐子。燃料還是結凍，花了十分鐘左右才使油從油槽流到燃燒器。我渴望早上時喝杯熱茶，於是不待爐熱，便以長約一吋的固態酒精片，燒了一夸特的水（當然是冰）。我把六片酒精片丟進罐子裡，再把一平底鍋的冰放在鐵架上以藍火燄加熱。

每天的前幾分鐘最沉悶，好像有個陰鬱的評論家坐在暗影中沉吟，就要說出令人不快的話似的。我心有戚戚焉，只是怏怏道聲早安。晨操有助於超脫這種心境。因此我平躺床上，做著各式伸展肌肉的運動十五分鐘。等做完晨操，水也熱了，我用大瓷杯沖了一品脫的茶，再加點糖和奶粉，啜了一、二口便將杯子擺在火燄上，直到滾燙，燙到我的嘴巴和喉嚨也難以消受，如此提振精神之後，我才開始準備觀察作業。

八點前幾分鐘，我看了一下氣壓計（二十八．七九吋），扣上帆布防風衣前，瞄一眼室內溫度記錄器，顯示上頭的氣溫應該是零下四十度。我先將手電筒放在爐子上熱一、二分鐘，以防電池結凍。我沒扭開手電筒就跨入漆黑的陽台內，登上樓梯。這一小段路我記得很熟：出門後跨一步，左行兩步，上六級梯子。

雙動門有點卡住，我使勁推了兩次才打開，冰晶嘩啦啦地往我脖子落下，我不由得打起寒顫。天還很黑，一層無形的霧貼近地表，使得白晝帶著灰濛濛的面貌，且有飛雪不斷朝我的臉龐飄來。我之所以仍然使用「白晝」和「黑夜」，是因爲兩者雖有時間上的差別，但實在找不到同義詞可以形容；白晝是指像今天早上一樣，帶有濕意的霧幕籠罩於冰盾之上，但這樣的形容其實沒有多大意義，縱目四顧，只覺孤寂和蒼涼襲上心頭。

百葉箱內的溫度計顯示，上回觀察後的最低溫爲零下四十八．五度，最高溫爲四十六度。我重設最低溫度計指針，從口袋掏出小刷子刷去落雪。總計我花在登記雲、霧、冰磧、降雨量等資料的時間，雖然不超過五分鐘，卻已足以讓我斷定狂風即將來臨。

回到屋內時，爐火雖未驅除寒意，但仍是相當舒適怡人。我首先點起桌上的蠟燭，照亮室內中央部分。穿著外套，站著登記方才在上頭所蒐集的資料——我還是覺得很冷，所以不敢坐下來。我又沖了一品脫的茶，除了堅硬如石的餅乾外，這就是我的早點。

八點三十分，水桶裡的冰塊稍稍融化，我先到陽台再取回一團雪塊，再把融開的水倒進槽內洗手。現在應該決定晚餐吃什麼，同時開始退冰。我選的是豆湯、海豹肉和燉玉米。我從肉類盒子裡取出五吋、看來黑黝黝不怎麼好吃的肉塊，吊在爐子上的鉤釘退冰；再從冷凍櫃中拿出罐裝玉米，放在爐子後方的架子上。爐子上的五加侖重油箱，每隔三天得加一次油，今天正是加油的時候。我關了火，卸下油箱，往三十五呎外燃料坑道最遠處的油桶走去。牆上插著一根棍子權充掛燈架，藉著它幽微的燈光，我找到油桶上的塑膠管。我使勁地吸，好不容易才開始流動，在等待油箱加滿的當兒，我檢查一下坑頂，看看是否有再度下陷的現象。一切正常。

快九點的時候，我開始冗長的無線電連絡準備作業，剛好在早上十點觀察極光前完成。上頭仍是漫天陰霾，沒有任何異狀。我一打開接收器，就聽見戴爾在呼叫KFY。今天的對話很有意思。在我離開「小美洲」之前，春季大探險的總目標就已設定，但幾經審慎評估後，發現計畫必須做些變更；墨菲已在與波爾特、鍾恩、英尼斯—泰勒、勞森及料學小組磋商後作了修正，我完全同意。

關機前，戴爾和我核對時間，至於他是以「美國海軍觀測中心」（U. S. Naval Observatory），還是格林威治標準時間爲基準，我已經記不太清楚。「我說『對時』的時候，是指十點五十三分，」戴爾提醒道。「你還有三十五秒鐘準備……二十秒……十秒……對時。」我察覺到三個經緯儀時計裡，第一個快了二分十秒，第二個快三十一秒，第三個則慢了一分二十秒。我把這些資料詳細登記下來。爲了跟「小美洲」的觀察同步，我必須知道準確的時間。之後，我仔細地調整三個經緯儀時計的時間。

完成無線電連絡之後，有一小時的空檔可以全力處理逃生坑道。由於肩傷尚未康復，坑道工事比預定每天挖一呎的進度落後許多，至今只挖了三分之一，正確地說，只有十三呎。今晨完工的是在冰牆上挖出架子，以便放置多餘的書籍，接著又挖幾個壁龕放置別的裝備。由於我拿出的東西太多，屋內幾乎沒有多餘的空間，四下一瞅，只見到處堆滿衣物、食物、工具、器材，沒想到連單人科學觀察站也得用上這麼多東西，我自己也嚇了一大跳。這些東西大部分可以擱在外頭，只是我懶得每回找個東西都得進進出出……

保持閱讀習慣

十二點到一點依舊是最忙碌的時候。正午時分，我給自計記錄器加上墨水、換了紙張、上緊發條（線條不規則，表示針筆的接點髒了）。

我把手電筒和刷子掛在脖子上，大衣口袋裡揣著橇刀爬到上頭，迅速脫去同樣掛在項圈上的馴鹿皮手套，卸下風速計的杯狀風速器，刷去杯子上的積雪，把接頭擦乾淨，此時，臉龐和手指凍得僵硬。我邊工作邊在心裡不住地暗罵。

手錶顯示時間已是一點鐘。天色依舊陰霾，極光觀察可以省去，倒是得給室內溫度記錄器上發條和換記錄紙。之後就是午餐了。毛姆（Somerset Maugham）的《人性枷鎖》（*Of Human Bondage*）我才看了一半，今天也是邊吃邊看。一個人沉默地用餐，未必是件賞心樂事，因此我已漸漸養成邊吃邊看書的習慣，暫時完全沉醉於字裡行間。不讀書的日子，我頗有野蠻人思肉之感。

片刻前突然傳來轟然巨響，活似有數噸炸藥在冰盾上爆炸一般（我們從來年夏天進行的地震測深法中得知，「前進基地」是座落在大約七百呎厚的冰雪層上。南極各地大部分是這類硬冰層，北極則是在夏日時地表大都是袒露的，只有極少數例外，這也是南北極最主要的差別）。由於距離遙遠，這不斷劃破寂靜的聲音聽來甚是沉悶，不過，我得坦承，只要是能打破此地千篇一律的沉寂，任何聲音都歡迎之至。我感到冰盾輕微移動，手燈錫座嘎嘎作響，吊在我面前架子上的手電筒也微微晃動。這是我們慣稱的冰盾地震，是廣大地區的冰雪因冷縮作用而產生下陷所引起。

午後的作息包括到上頭剷冰磧半個鐘頭。我先拎起半結凍的餿水桶，小心翼翼地倒在背風處，以免造成冰磧堆積；我在這半個小時裡剷除小屋四周的冰磧。今天還算輕鬆，屋頂上雖堆了二呎深的雪，但一時之間似乎沒有加深的跡象。剷完冰磧後，我拔起穿過屋頂的通風管，拿到下頭，放在爐子上解凍，不過一、二分鐘光景，冰雪已開始鬆動，用鐵錘很容易就可以敲下來。這時，掛在爐子上的海豹肉塊也已卜卜滴著黑色血水。

接下來的一個小時空檔，我花點時間把氣象觀測筆記登錄在美國氣象局第一〇八三號表格上，然後修理一下昨晚鬆掉的留聲機把手，四點鐘前再穿上防風衣到上頭作極光觀察。烏雲稍褪，飛雪已停，除了在烏雲邊上伴隨一道弱光顫動外，不見極光的絲毫跡象。我自言自語地說道：沒有極光倒落個清靜，說完便逕至散起步來。

由於霧濃以及隨時有雪暴來襲之虞，我決定不要走遠。只要有時間，我每天都會散步一到二個小時。散步既可給生活帶來點變化，也是一種運動方式。一開始散步，我通常是每走幾步就停下來曲腿彎腰，隨興作作十二式體操中的任何一式。不過，今天我倒是特別小心；原因是十八日肺部凍傷比我所想的嚴重，一喘氣就隱隱作痛。

散步到後半段時，每每心凝神釋，與周遭環境合而爲一，是一天中最美好的時刻。此刻，生命眾相和萬物本質清柔地流動，是如此自然，如此流暢，以致令人有欻然悠游於宇宙洪流中的幻覺。這時，儘管我的心思大部分還停留在俗世、現實的事物上，還是可以感受到知性飛揚。昨夜就寢前，我讀到桑塔雅納（George Santayana，西班牙文學家兼哲學家，一八七二年移居美國，曾任哈佛大學教授，著有《理性生活》、《存在的領域》及小說《最後清教徒》等書——譯注）《寓英獨白》（*Soliloquies in England*）中一篇談論友情的文章。我想到這篇文章，以及社會關係的結構和友誼在我生命裡的作用，而徹底拋卻負面思想，如背叛、失望和怨懟。唯有斷然揚棄不實和不快的思慮，才能保持眞正的超然，徹底遠離私慮。

我來來回回走了好幾次，到決定下屋時，天色已經闃暗，暗得連屋頂和風速計桿子也看不清，最後還是動用手電筒。下梯時，我注意到有一級梯子歪了，心中暗想明天可得修理一下。我脫下厚重的衣服，開始午後點油壓燈的儀式。不知怎的，我把點燈當成一種儀式。油壓燈的亮度比防風燈強一倍，可以照亮屋內每一個角落，但因太過耗油及會產生令人不快的油煙，所以我盡可能少點油壓燈。不過，我渴望光明，正如口渴的人巴望喝水一樣，況且夜裡點上這種燈的感覺也大不相同；我覺得自己是個十分富有的人。

我伸指探試了一下溫度，桶子裡的水已熱，正好是作湯溫度。在和著鍋瓢叮咚隨意哼唱的歌聲中，晚餐準備就緒：熱呼呼的豆子湯（以乾燥的豆串煮成）、鮮嫩的煎小海豹肉，外加當甜點的玉米、茶、奶粉和罐頭桃子，道道可口。吃甜點之前，我爬到地面進行七點的例行極光觀察。天色清朗了些，一束淡淡的光帶從東南角劃過西南天際，但欠缺一些色澤和活力。我如實塡寫資料：H．A．結構（同質靜態弧狀）、密度二、高度約爲地平線上三十五度、右偏「小美洲」方向的亮度約爲十度。

吃完桃子，我把書籍和盤子推到一旁，拿出一副坎菲爾德紙牌（一種單人牌戲，因創始人坎菲爾德〔Richard Canfield〕而得名——譯注）玩了幾把，結果手氣不佳，若以一點一美元計算，我應該輸給莊家十五美元。接著是我唯一堪稱奢侈的消遣：聽音樂。我上好留聲機發條，放進史特勞斯的華爾滋唱片〈醇酒、美女與歌〉（Wine, Women and Song），放下唱針的同時趕緊去洗碗。我的打算是，在留聲機停下前把碗洗好。留聲機有個二倍長的彈簧，我又加裝了循環播放裝置，上一次發條可以讓小唱片連播四、五回。怎料今晚卻發不出聲音，原因是：機件內的油結凍了。於是我把留聲機放在爐子邊上，不一會兒，唱片開始轉動，起先速度很慢，音調甚是沉鬱，然後越轉越快。我把留聲機搬回桌子上，開始手忙腳亂地洗碗。今晚比留聲機慢了十五秒鐘：雖然留聲機擺在爐子邊暖身時先跑了一下，但我的表現眞的很差。

當我正把這檔事寫入日記時，突然想起忘了八點鐘的例行觀察，於是匆匆穿上外套，戴上帽子和手套，趕緊爬到上頭去。天色的陰霾不散，最低氣溫爲零下五十度，還是吹西北風，風勢也還小，但我仍然可以嗅到雪暴的氣息。我欣然下到舒適的小屋內。

除了十點的極光觀察，這一天的工作可說已經結束。剩下的幾個小時，聽聽唱片，寫完今天的日記……一天行將劃下休止符。我剛剛才洗完澡，或者說得正確點，是洗了三分之一的澡；我每晚洗三分之一，至於洗哪一部分完全是隨興之所至，我只知道，這樣「分期」洗澡的儀式可以使我心情平和。總之，我初次到「小美洲」逗留時，就是以這種方式洗澡，洗完還算令人滿意，畢竟我並非眞的很髒。羅斯冰盾跟埃佛勒斯峰頂一樣乾淨，洗澡只是習慣使然，此外，洗澡的確也是賞心樂事，每次洗完澡，我總是覺得身心舒爽。

時近子夜，該是上床的時候了，我知道該做些什麼。首先得用鉛筆劃掉日曆上的一天，然後提雪，加入固態酒精片，以備明早泡茶用，最後是略爲檢查各類儀器是否運作正常。室內檢查完畢，還得上屋瞄一眼極光區是否有異狀。打下雙動頂門，脫去外套，關掉氣壓燈和爐火，開門，然後跳進睡袋，只留下頭頂上一盞防風燈。這部分的例行工作已經是習慣成自然。當屋內還有熱氣時，我會看點書，例如今晚接著看完《亞歷山大行傳》（*Life of Alexander*）第二卷，到手指凍麻了，就先確定一下手電筒是否擺在睡袋裡，以便讓體溫保持電池不結凍，然後才吹熄防風燈。

我不像在家裡一樣強迫自己睡覺。就某種意義而言，我到這裡的生活是爲了體驗和諧，讓身體的作用達到自然均衡的狀態。通常我不需多久時間就能酣然入睡，不過在就寢與入睡之間、在半夢半醒之際，已足夠省思生平了：將一生重組整編，以因應變動不拘的心靈需求。

目睹極光心神激盪

二十三日星期一，果眞如所料下起了雪暴，風速器被吹得嘎啦嘎啦響，一大早就把我吵醒。我推開雙動頂門，寒風疾灌而下，飛雪宛如白霧般迎面撲來。寒風吸走室內的熱氣，爐火在穿堂風中搖曳，單是打開通風管出口仍然無濟於事；我斷定，這跟乘著隙縫而入的飛雪有很大關係。雖然拉下頂門並加栓，屋頂上也堆了二呎厚的雪把我隔離在地表下，坑道中強勁的穿堂風還不停吹進來。

四月宛如一艘近處的船隻逐漸駛離。從二十三到二十九日，風勢還算相當平穩，風速並未超過每小時二十七哩，但因時速十五哩時就會捲起冰磧，以及時速二十哩就濃霧漫天的緣故，上頭的情況很糟糕。寒風在冰盾上犁出勻稱的雪面波紋，波峰硬而波谷鬆軟，令人有行不得之嘆。白晝雲淡風輕，棉絮似的白霧使得晨昏時刻益發死寂，正午時分但見北方的地平線一抹嫣紅。我持續逃生坑道的工事；我的右臂已接近痊癒。我從無線電中得知，「小美洲」雪暴肆虐，外頭的活動完全停頓，除此之外一切安好。

四月三十日

今日天清氣朗，我一開始散步便注意到月色甚是皎潔明亮，連手錶上的秒針也看得清清楚楚。滿天沐浴著清光，連冰盾似乎也吐出含蘊的溫柔冷光。起先是萬里無雲，滿天星斗閃爍著異常的亮光。頭頂上耀眼的極光呈大橢圓形，由北至南橫亙天際；從我所站立的地方看去，橢圓形的短徑是由東向西，圓弧的東半段正好在我頭頂上。光波閃動，圓弧南端外光華熠熠，好像在南極軸上垂著大簾幕，縷縷燦爛的光波構成一道道摺痕。

雪色銀灰（不是一般人認爲的白色），明暗不一，最亮的部分宛似一條小徑般直通月亮，另有一小束微弱極光向東面迸射。

風從極地輕輕吹來，氣溫約在零下四十到五十度之間。南極展現天然美姿時，風也爲之靜寂無聲。

頭頂上的極光形狀開始變化，形成一條大蛇，往天頂方位緩緩移去；東面的小極光也擴大變亮，而幾乎是同時，高懸極地上的簾幕摺紋，也彷彿受到天人撥弄般開始波動起來。

靈蛇飛捲，眾星盡消，恍似宇宙間正上演一齣悲劇，而代表邪惡力量的靈蛇卻煥發著毀滅的美姿。

靈蛇頓失。方才還靈蛇飛舞的天空霎時再現清明，群星齊現，彷彿原本就不曾失色似的。我回頭搜尋東面天際，卻見小極光已消失無蹤，高懸的簾幕恰如被突然吹掠冰盾的風吹走。目睹這人世罕見的景象，令我胸懷激盪不已。

神遊太虛迷失來時路

然而，這份和諧多半是來自個人心態，亦即肉體所贏得的片刻安詳，實際上，天體榮華和地球光耀截然不同，即使處於最爲昇華的心緒中，我也不敢稍忘如履薄冰的戒愼心情，一如登上斷崖絕壁的人，在駐足瀏覽落日的當兒，兀自留心落足之處。即使在四月天，仍時時可能發生與世隔絕的種種風險的事物。像煙囪管、通風管，甚至無線電發電機的排氣管，老是被白霜堵塞，阻礙通風，使得屋內煙霧瀰漫；此外，散步雖是主要消遣，我也始終不敢遠離風速計視界之外，或距離小屋西邊約七十五碼外、標示南隊儲物站高十呎的雪標。這是昆莫德山脈和「小美洲」之間唯一的路標，若是朔風乍起或濃霧漫天，我準會立刻不辨西東。

人無法持續對任何事物保持敏感，這是生存於驚險叢生的處境下值得一提的特色。原因無他，司空見慣之餘，感覺便會遲鈍。死亡驟然而至的威脅雖令人卻步，但無需多久，就會像個能言善道的乞兒摒去驚慌的念頭。當年班奈特（Bennett）跟我飛往北極時，飛至途中時，突然有具引擎好像有什麼東西鬆落，黏稠稠的汽油隨風飛揚，沾滿了整流蓋。班奈特臉色慘白，我則如鯁在喉般差點喘不過氣來。不久，這種感覺陡然消失。「穩住方向！」我在便條紙上草草寫著，班奈特拇指倒豎，指指二千呎下方斷裂的浮冰，對我苦笑。驚惶之色雖褪，漏油仍然教我們操心，我的目光不斷在整流器和油壓計間梭巡，看看是否漏得更厲害。「這下糟了！」班奈特衝著我嚷嚷。我知道，他的駕駛員本能已經察覺漏油有可能更糟糕，但我已不想回答。不管汽油是不是會在回航國王灣（King Bay）之前漏光，都不是我們所能掌控。疾風狂勁，班奈特收攝心神全力穩住飛機的方向，我則留意著偏航指示儀。在接下來的飛程中，我們很少再去注意漏油的情況。

驚恐和痛苦的情緒非常短暫，也最容易爲人所遺忘，因此我三申五令要求手下絕對遵守安全規定。我常對新人說：「不只是今天明天，只要你待在探險隊一天，就得講究安全。」置身極地一旦稍有鬆懈，好不容易才在周遭建立起來的人爲安全牆，便會在毫無警兆中瓦解。我是懷著這種紀律感前來「前進基地」，雖然有時難免得強迫自己遵守，但多半是出於實際需要。

在諸多危險中，我認爲有三大風險最需要注意。一是火，其次是在冰盾上迷路，三是因受傷或生病而失去行爲能力。在這三樣風險當中，最後一項最難預料也最難提防，卻又極可能發生，因此我也就特別留意。我的健康狀況甚佳，離開紐西蘭之前做過全身健康檢查，證明我健康無虞。我不太擔心會生病；就這一點而言，南極可說是天堂。南極是無菌大陸，浩瀚的海洋絕大部分時間結凍，因而隔絕了北半球充滿細菌的文明，而宛如冰河時代的冰凍氣溫，即使盛夏也很少上升到冰點以上，更使得能存活的微生物大部分處於被囊狀態。唯一的細菌是人類帶過去的。我曾親眼見過，有人在熱帶感染瘧疾斷斷續續發作，一處極寒就不住地顫抖；還有一回，在冬天的一個夜裡，流行性感冒將「小美洲」一大半的人馬給撂倒了，據醫生的說法，癥結在於打開一箱舊衣物而已。我深信，「前進基地」就算有細菌存活，小屋內的溫度也不足以讓它們活動。

在一位醫生朋友的協助下，我在「前進基地」設了一個醫學圖書館，其中包括一本醫學字典、葛雷（Gray）的《解剖學》（*Anatomy*）、史川培（Strumpell）的《實用醫學》（*Pracitce of Medicine*）等。有了這些參考書籍，只需查閱一下，從AAA（一種鉤蟲）到骨瘍症狀都有。另外還有一些麻藥和麻醉劑（如諾佛卡因），以及皮下注射針筒，這些都收藏在食物坑道外科器材架隔壁，我這套外科器材可說相當齊全，連作截肢手術都綽綽有餘。天知道，我根本無意動用這些器材，對每樣器材的用途也只是略知一二而已；它們擺在那兒，亮晃晃，銳利無比。

我不希望有什麼意外發生；任何人都不希望。我這套系統——非關個人的前置作業是從飛行中學來的經驗，只是爲了防患於未然。舉例來說，提取燃料油時，我習慣從燃料坑道遠端的油桶汲取，如此，萬一我因傷成殘無法走遠或提取重物時，就可以從最靠近坑道口的油桶提油。

火災是個重大威脅，我時時刻刻都謹記在心。我準備了不少液態燒夷彈，但大部分都凍裂了，我很擔心要是小屋失火肯定會一發不可收拾，因此我在燃料坑道遠端留一整套的露宿裝備，包括營帳、睡袋、炊具、一枚信號彈、一只信號風箏，萬一小屋燒掉了，我只需把坑道掘寬些，就可以搭起帳棚暫住。不過，我還是時時小心以防萬一，散步前必定先關掉爐子才離開小屋；此外，我深知看書很容易令人昏昏欲睡，或者難以抗拒讓爐火燒到天明的誘惑，所以夜裡必定先熄了火才鑽進睡袋。

這般防微杜漸、時時小心留意，不禁使我回想起小時候，哈利、湯姆和我兄弟三人玩戰爭遊戲的光景。哈利年紀較大，已到了有點瞧不起兒戲的年紀，而湯姆和我則是築壘建堡玩得不亦樂乎。平時，用薄紙盒堆砌的「假城堡」玩膩了就甩開，但細心堆成的土壘稜堡卻把我們家院子變成一座固若金湯的城池，家母每每驚怒交集，因爲不但她的院子全變了樣，稍一不慎踩上埋伏，頓時假毛瑟槍齊發，可眞是令人膽顫心驚。如此堅固的防禦較諸任何圍城，均不遑多讓。我們的防禦工事除了不時遭到鄰家孩童丟擲石頭一探虛實外，還時時受到「敵軍」威脅，套一句湯姆的話說，他們的人數眾多已經到了「殲敵」的程度。我們恐怕敵人會夜襲大營，於是在原本應該就寢的時間偷偷溜到屋外把守城樓，直到其中一人輕聲通報，書房內的老爸已將法律書籍放到一旁——這是趁門還沒關之前，盡速撤退的信號。

除了現在我是獨自一人之外，「前進基地」和當時的情形大致相似。它的敵人雖然見不著，卻又並非純粹出於想像。每天檢查防禦工事，例如用裝有釘頭的長棍敲掉通風口上的結冰、把科學觀察紀錄藏到坑道等等，有時想想，倒也跟荒唐的遊戲頗爲雷同。不過我現在所玩的遊戲攸關性命，即使簡單如每天的例行散步這種事也大意不得。我在小屋南北兩側各標出一條將近一百碼長的小徑，依海軍的術語稱之爲「上甲板」(hurricane deck)：每隔三步插上一根二呎長的竹竿，竹竿之間以「生命線」(life line)相連，如此一來，即使在最惡劣的天候裡，我也可以像盲人一樣，攀著繩子來回走動。我常在冰磧蔽空，視線出了防風衣頭罩便茫茫然，滿眼混沌、繩索猶如細絲的時候出去散步。

天氣晴朗時，我可以隨興所至延長散步的路徑。這時，我腋下挾著一把竹片，每走三十碼左右，就將一根竹片插在雪面上，竹片用完時再回頭，沿路回收竹片，收到最後一根竹片，我也完成了一趟散步。這些竹片很輕，攜帶容易，足可標出一條四分之一哩長的小徑。我常改變方向，但變與不變其實沒有多大差別。不管這四分之一哩是朝哪一個方向走去，眼中所見的景象毫無改變。其實，就算我往東北方走一百七十五哩到洛克非勒山脈（Rockefeller Mountains），或往南走三百哩到昆莫德山脈、西行四百哩到南維多利亞地（South Victoria Land）群山，所見也全無兩樣。

不過，我可以運用一點想像力，讓每回散步「好像」都不一樣。有一天，我想像散步小徑是波士頓比康山（Beacon Hill）水涯邊，我跟內人常去散步的艾斯普蘭納（Esplanade）草地，隨即腦海中便浮現在岸邊和熟人碰面、掬飲波士頓清泉的畫面。散步小徑不會一成不變，它好像橡皮筋一樣，可以隨心情伸展，譬如在我閱讀尤爾（Yule）的《馬可孛羅遊記》（*Travels of Marco Polo*）那幾天，我就隨時來回變換時間和空間，依那神奇遊記把散步小徑分成幾個階段，在六天十八哩路的散步中，就從威尼斯悠遊到中國，看遍了當年馬可孛羅所看到的一切。有時散步小徑回溯到太古時代，彷彿看見冰河時代的悠悠波動，牽動著昔日屬亞熱帶的南極大陸，也牽動著昔日的北美洲。

我把時序往前推，看見無數世紀前流冰洶湧從北極流下，流經之處所向披靡，無堅不摧；我看見驚濤拍岸，前緣如削，所到之處遮山蔽海，獨存山頭，把現今紐約到加州沿岸鑿成鋸齒狀，也形成了高聳的濱外沙埂。我看見壓力堆擠出無底海塹和巍峨的山脊，也看見磊磊冰塊，紛擾四散。在這無數世紀間，我所看到的無非是森森寒冰，所聽到的莫不是蕭蕭風聲，所感覺到的只是死寂。不過，我最後看到寒冰不知不覺地消褪，冰融海升，在陽光普照下復甦的大地，群山刨削一平，使得眾河改道，而在歐亞大陸邊緣，我看到了人類以極原始的工具孜孜矻矻爲歷史奠基。

北半球如斯，有一天，寒冰仍然掌控大地的南極也將如此。我曾告訴自己，不同的是，寒冰退去之前，遊艇已從桑迪鉤岬（Sandy Hook）航行而下，冰磧荒漠上觀光旅館林立。

神遊太虛固然有趣，但誠如我這次經歷所驗證的，稍一不愼便危機四伏。我心情愉悅，因此決定比平日走得遠些。當時稍有吹雪，羅斯冰盾上相當晦暗，但我不以爲意。來回徜徉半個鐘頭之後，我轉身往回走，可是插立在雪地上的竹排卻已不見蹤影！我在神遊物外之際，竟不知不覺已超出竹標的範圍，此刻才赫然驚覺自己不知走了多遠，也不知是朝哪個方向走，要回頭已是不辨西東。我心存僥倖，認爲雪地上可能還留有足跡，我拿著手電筒四下梭巡，卻不見堅硬的雪面上留下靴痕。這事可非同小可。我按捺住拔腿狂奔的衝動，仔細衡量自己的處境。

於是我再次把藏在靴統內保暖的手電筒抽出來，用底端在雪地上刻個箭頭，標示出來的方向。我動身前看了一下風向雞，記得當時吹的是南風。當時風吹左頰，現在還是一樣，但這沒有太大意義；因爲風可能轉向，而我卻是跟著打轉。一想到自己迷路了，我差點嚇得魂飛魄散。

爲了避免越走越遠，我用靴跟踩碎雪塊，在箭頭尾端堆起十八吋高的標誌，權充基準點。這工程可花了我好一段時間。我直起身子仔細端詳天色，但見兩顆星星跟我剛才止步的方向呈一直線。這是託天之幸，因爲剛才天色還是陰霾霾的，就連現在也只有一、二處雲破星露。以領航員的術語來說，星星提供了疊標線，基準標誌則是始航點。於是，我眼睛看著星星，小心翼翼地向前邁了幾步；走了一百步，停下，手電筒四下照射，映入眼簾的依舊是荒寒冰盾。

我怕失去雪標方位，不敢再走遠，於是往回走，同時不斷回頭看那兩顆星星，以保持直線行進，那料到行至一百步時卻不見雪標。我陡地處於恐慌邊緣。緊接著，手電筒照到雪標，就在我左手邊約二十呎開外的地方。看到這一堆白慘慘的雪雖然沒啥好開心的，但起碼不致於讓自己覺得像隻無頭蒼蠅似的。我第二次嘗試，向左旋轉約三十度，結果跟前次一樣，到了一百步仍然空曠無物。

「你迷路了！」我告訴自己。我臉色發白，突然念頭一轉，想到應該加長半徑，但如此一來，極有可能永遠找不到返回唯一定點的路。不過除非我想凍死，否則沒有別的選擇；離小屋一千碼跟五百碼，同樣會凍死。因此我決定刮一小堆雪當第二個標誌，再循同一方向往前走三十步。到了第二十九步時，我驀地瞥見約莫三十呎外立著一排竹竿，喜出望外之情，比起碰到船難的水手瞥見遠處有船過來，猶有過之。

五月　一、獨處的幽情

在疑眞疑幻之中，與既神秘又眞實的外界合而爲一的昇華感洶湧襲來，教人不容否認。我終於了解梭羅所謂「渾身是知覺」是什麼意思。

五月的頭幾天，並沒有任何我將在月底會遭逢大難的跡象；相反地，這幾天可說是難得的好日子。雪暴已去，寒意從南極下移，殘陽紅光在暗黑的天空上一輪冷月的對面迸射，紅暈猶如篝火。五月前六天的溫度大多在零下四十到五十度之間，平均溫度是零下四十七・〇三度。起風的情形很少見，冰盾上萬籟俱寂。這種純然的寂靜就像瀑布，或任何穩定而熟悉的聲音，有時不免催人昏昏欲睡，這是我從來沒碰過的。有時它又像突如其來的一聲巨響，不由分說地沁入意識之中，令我油然想起飛機引擎在飛行中突然故障時所產生的空茫感。在這冰盾之上，寂靜宛如有形，廣大無方，我不由自主地豎起耳朵傾聽——虛寂冥廓，除了寂靜的悸動之外，悄然闃寂。在地底下，這份寂靜密實而集中，我在看書當中不時凝神屏氣，卻疑念叢生，好像是房子主人懷疑有人闖入一般。緊接著，屋內眾聲雜起，爐子嘶嘶鳴叫、儀器嘎嘎響，以及經緯儀時計交疊的滴答聲等等，彷彿不好意思匆匆走避似的，陡然衝破無聲之域。有一次，大風過後，我霍地莫名其妙從沉睡中驚醒，好一會兒才恍悟，我的潛意識已經習於煙囪管的嘎嘎聲響和頭頂上猶如驚濤拍岸的風暴聲，忽然的沉寂反而令人覺得頓失所倚。

這事甚為詭異。我恍如猛然掉到別的星球上，或一處毫無所悉也毫無記憶的地域中。不過，有時想想，我學到的正是哲人素來反覆陳述的體驗——一個人在諸事匱乏的環境下，也可以過得很有深度——這對我倒也大有裨益。在疑眞疑幻之中，與既神秘又眞實的外界合而爲一的昇華感洶湧襲來，教人不容否認。我終於了解梭羅所謂「渾身是知覺」是什麼意思。我常常覺得，自己這一生就數這時候最爲生氣蓬勃；擺脫物質的牽絆，知覺在新的面向中更爲敏銳，在天上、地下和心中，隨意或尋常的事物，平日縱使注意到也不以爲意，如今都變得刺激和不可思議，諸如：

五月一日

今天下午，我在起風形成雪地波紋的背風面，發現極爲罕見的結晶雪，輕柔如棉絮，一呼氣就會像風滾草似的滾開；又脆弱無比，一吹氣就會碎成片片，我稱之爲「雪絨」。大部分雪晶不過四分之一吋大小，有的小如彈珠，有的大如鵝蛋，它們顯然是早上的西風吹來的。我掬起雪晶裝在盒子裡；這可不容易，因爲我雖是輕手輕腳，但稍一驚動雪晶就會飛走。這盒子有鞋子盒一半大（相當於六百立方吋），但融化後不過是半杯水的量……

稍後，我在散步時初見月暈，只是暗暗思忖這月亮的光華亮得出奇，並沒有多想，後來約莫是月光產生微妙的變化吧，把我的注意力又拉回到天空。我抬頭仰望，但見月暈泛過月亮表面，就在我觀望當中，月暈悠然環月，形成明亮的光環，霎時，幾道同心圓色帶將月亮完全圍住，看起來像是彩虹圈著一枚大銀幣似的。外緣色帶呈蘋果綠，直徑估計約爲月亮的十九倍。這變化只持續五分鐘左右，然後，也像彩虹一般，繽紛的色澤從月亮中褪去；幾乎是同時，般紅極光迸發出十幾道流光，跟黑帶糾結在一起，從月眉直射而出。緊接著，流光亦消逝。

五月三日

……我再次在東南方接近地平線的地方，看見一顆星星亮得嚇人。幾星期前乍見之際，我頓時產生幻覺，以爲是有人向我打信號；今天下午，這念頭又浮現腦海。這顆星煞是奇怪，隱現極不規則，像極了光線在閃爍。

最近風速計常出問題，我每天得爬上標桿一、二回，刮去接點上積雪。氣溫在零下五十到六十度之間，相當穩定；但我不得不承認，天氣之冷是我沒料到的，每次爬上標桿，雙手、鼻頭和兩頰各自或全部凍著，已是家常便飯了，今天出乎意料地，竟是凍僵下巴。不過，這工作其實還不算挺糟……

五月五日

今日天氣甚佳，雖然萬里無雲，冰晶飄飛，空氣中籠罩著若有似無的薄靄，到了午後冰晶消失，羅斯冰盾北面瀰漫著罕見的粉紅光芒，宛如塗抹上一層粉彩；地平線是一抹般紅，鮮豔更甚於血色，地平線外泛出草黃色海洋，海岸卻像是夜色般，無盡的藍一脈蜿蜒。我端詳天色，許久之後才得出結論：如此美景只應遠處的險地獨有，大自然從敢於深入其境的人當中擇選犧牲者，自有她的道理。獨處的幽情沁入心中不易排遣，但失去豐饒地平線那頭的世界的太陽光和熱，得見這冷冽卻生氣蓬勃的霞光餘韻，便足以彌補。

今天下午我想來點變化，決定沿著向小屋正東方延伸的無線電天線線路散步。氣溫在零下五十到六十度之間，天氣不算太冷，但我赫然發現電線上掛滿白霜，多處凝聚成自然形狀，我雙指合攏就可以圈起；冰霜的重量使得桿與桿間的電線，下垂呈一大環狀。

大約一天前，我趁太陽未離開之前，在最後一根電線桿二十碼外插了根竹竿，以防萬一起霧或風暴看不見電線桿時充當標竿。今天，我輕易就找到這根標桿。

我站在那兒想著別的事，突然想起爐子沒關。於是我趕忙回頭，這時，細若鉛筆的最後一根電線桿黑影還隱約可見。我把腦袋縮進防風衣頭罩裡，沒有留意落腳處，突然，我感到自己往下掉的同時，身體猛地斜向一旁。之後，我聽不到任何聲音，待回過神來，才發現自己一條腿已掛在冰隙口邊，急忙爬出來。

我靜臥著不動，以免稍有不慎把支撐的冰棚也震斷了。然後，我一吋吋地慢慢爬開，到了約二碼開外才緩緩站起身，想起方才千鈞一髮的情景，我不禁渾身發抖。

架在暗隙間的冰橋甚是結實，表面上絕對看不出來。我用手電筒打量一下，只見我剛才踩出的坑洞還不到二呎寬，冰棚約有十二吋厚。我趴在雪地上，用手電筒照進隙口，但見這道冰隙深不見底，起碼有幾百呎深；洞口只有三呎寬，越往下越寬，最後形成一個大洞，洞壁的顏色從藍色到冰海的祖母綠，多樣燦爛。洞壁上看不到一般的結晶，顯示冰隙是最近才形成的。

我滿懷慶幸地走開。承老天爺眷顧，我跨越隙口的角度恰好跟洞身呈直角，若是換作別的方向，我準會直落洞底。我暗道奇哉怪哉，出門時經過居然沒有掉落。可能是我剛好踩到脆弱的部分吧。爲免重蹈覆轍，我回頭拿了兩根竹竿，插在洞口前面。

五月六日

今天我摔壞了屋內溫度計。雖然室內溫度不在氣象觀測紀錄之內，所以不算是什麼大不了的事，但我很想知道夜裡熄火之後，室內究竟會冷到什麼程度。

我在好奇心驅使下詢問「小美洲」，股市情況如何。這是大大的失算。因爲我既無法改變情勢，擔心更是多餘。我在離家前把自己的錢做了自以爲審愼的投資，希望能賺點錢，減少些探險隊的債務。如今，在節節高升的營運開銷之外，加上這筆額外的損失，可說是災情慘重。唔，反正我在這裡用不到錢，明智之舉是摒除外界種種令人心煩的瑣事。

意志消沉爲哪樁

命令心智是一回事，讓心智聽從命令又是另一回事。本質上，兩者的差異就是在「前進基地」自制的根本，我日記裡有文爲證：「不知什麼事使我意氣消沉，」另外又寫道：「我這一整天焦躁不安，晚餐後無精打采……只要查出問題根源，這原本不是什麼大不了的事，但我心緒不寧卻找不出原因何在，因此，今晚我不得不首次承認，保持心情平穩的確是件大事……」

現在這篇稍嫌冗長的日記就在我眼前，我記得很清楚，日記中是怎麼寫的。晚餐過後，洗完碗盤，午後八點觀察有點異常，接著，我定下心來看書。我拿起已讀了一半的維布倫（Thorsteoin Veblen，一八五七～一九二九，美國經濟學家兼社會學家，應用進化論和動態學方法研究經濟制度，是制度學派的創始人，著有《有閒階級論》、《企業論》等書——譯注）《有閒階級論》（*Theory of the Leisure Class*），但書中內容在形隻影單的「前進基地」似是緲遠綺思。於是我換了一本《埃洛伊茲與阿貝拉》（*Heloise and Abelard*，敘述一〇九八～一一四六年間的女修道院長埃洛伊茲的愛情故事，埃洛伊茲早年與其師法蘭西經院哲學家阿貝拉相戀，育有一子，後被人拆散，隱遁修道院——譯注），但不一會兒就感到眼疼頭痛，雖然不怎麼礙事，但書中的文字已開始黏糊在一起。

我心想，光線充足些也許就沒事了，於是起身把燈捻亮些，玩了幾把單人跳棋。但這招不管用，我用硼酸洗洗眼睛，依舊無濟於事。我整個人莫名地焦躁不安，就是無法專心。我起身踱步。我幾乎是機械性的行動：走兩步低頭閃過燈，側走一步避開爐子，再往前一步在床舖邊轉身，三大步從門邊到無線電機組，再回頭三步，如此週而復始循著L形不斷走動。習慣一養成，即使在我離開「前進基地」好幾個月後，每回碰到焦思苦慮時，都會以這種方式在房裡踱步，而且步伐不自覺地受到「前進基地」小屋格局的影響，不時低頭閃身。

那一晚，我好像是上緊發條的時鐘，在空盪盪的屋裡空鳴，始終心神不寧，每做一件事總是草率了事，半途而廢，似乎跟心裡無盡的期待完全不相干。生活上的無用和空虛，全表現在從椅子上跳起來這個簡單的動作上。一般人的日常生活習慣，從椅子上站起來必然是有目的行爲；這迅捷的力量促使他去從事無數的工作或機會，但對我而言，起身後所面對的只是空盪盪的牆壁而已。

我一直想理出個頭緒，日記可以證明。我把情緒抽離出來，像端詳自計氣象儀一般詳加審視。是不是白天有什麼事出了差錯？沒有，今天天氣怡人，雖然氣溫在零下五十度，但我在逃生坑道賣力工作，晚餐吃的是雞湯、豆子、脫水馬鈴薯、菠菜和桃子罐頭。莫非我在擔心外界的事？正好相反，無線電連絡時所得到的都是令人寬心的消息：家人安好，「小美洲」無恙。債務雖是個問題，但已是家常便飯，以前能償付，這次也可以還清。至於我的身體狀況嘛？除了眼睛和頭隱隱作痛之外，我覺得一切都很好；而且眼睛和頭只有在夜裡才會痛，通常在就寢前就會消失。也許是爐子油煙的關係，若是如此，白天開著爐子的時候，最好把門打開一小縫，或在外頭待久一點。飲食可能也是原因之一，但我不太相信，因爲我一直很注意補充維他命。

「最可能的解釋是，」那晚我在日記中歸結道：「問題出在我自己。很顯然地，只要我能五內調和，讓可能彼此衝突的東西相輔相成，同時讓自己更加融入環境，應該可以寧靜祥和。也許是這沖和、黑暗和缺乏生命的氛圍太沉重，不是我一下子能完全吸收的。我無法接受這個事實，因爲我來這裡不過才四十三天，往後還有好幾個月同樣的日子要過……我若想活下去，或保持起碼的心理平衡，就得控制和引導自己的思緒。這應該不難，只要是有點智慧的人，應該都可以在自己內心找到生存的法子……」

儘管事隔多時，我仍然認定這種態度才是合理的。唯一的問題是這推論太過合理、太過理所當然了。我現在能看出漏洞，當時卻缺少這點先見之明。正如我那一晚的推論，外界的關係和作爲並沒有侵入我的生活，這可從那幾週絕對平靜得到證明。我在結論中說，審視和控制心思是免除外務干擾的上策，這也沒錯。但除此之外，還有個事實是我那晚沒體會到的，這個事實就是，全身複雜的神經和肌肉系統，所屏息等待的就是這熟悉的外界刺激；我無法理解它們何以會被拒於千里之外。

不論是像我一樣刻意爲之，還是像遇難水手一樣事出偶然，人的確可以從習慣和日常窠臼中跳脫出來，然後強迫自己的心志去忘記。但我們的身體還記得，並不是這麼容易可以支吾過去的。習慣已經構成物理—化學活動和反應自動系統的核心，時時需要補充。衝突即由此而生。我認爲，人不能沒有聲、香、味、觸的感覺，正如人不能沒有磷和鈣一樣。我使用「沖和」（evenness）這個模稜兩可的字眼，就是這個意思。

所以，我在南緯八十·〇八度上學習。站在羅斯冰盾之上，望天沉思冥想，沉緬在不敢奢望擁有的美景中，那是何等快意。美景當前，人人都可以超越天生的愚魯。此外，縱情於知性恍惚悠遊，感受心在森羅萬象間穿梭，恣意神遊太虛，也是美事一樁。身體凝立不動，心神自由自在，宛如乘著威爾斯的時空機器，靈動異常地遨遊宇宙穹蒼。

在無聲的黑暗裡，知覺孑然獨立，心神亦然；不同的是，前者執守，後者卻可像隼鷹般翱翔，而且，那自由抉擇和機會始終凸顯後者的貧乏。我的稟性深處不時湧現強烈慾望，希望轟轟烈烈地投射在心神重遊處的活動和蓬勃生氣中。這股慾望通常沒有明確的焦點，也不追尋單一事物，而是在人生萬象上奔逐搖擺，諸如全家共聚的晚餐時光、樓下房間內眾聲喧嘩、寒雨中的淒冷感。

這些都只是生活中的瑣事，本身並不眞實，但這些小事，乃至千百種類似的記憶到了夜裡卻是齊赴心頭，沒有寶貴記憶所具有的詳和、生機盎然的力量，反倒帶著苦澀和撩撥，彷彿是廣大但不是全然可辨識的吉光片羽，我已經永遠失去它們，不可復得。那一晚，我基本上就是這樣的心情。手拉著床罩，心思百轉，想著已經一去不回的生活；以前懷著這種心情散步，以後也是同樣的散步心情，而那午後激昂的靜謐，卻像報廢的火箭一般衰竭。

追求身心平衡

儘管如此，我還是執行律己的人應有的教示。律己也許不是很恰當的字眼，因為我所做或設法想做的，只是把思慮集中在健康、有建設性的意象和理念上，藉此驅除不健康的思緒而已。我在現在和過去的我之間築起一道牆，盡量從最貼近自己的周遭環境裡，抽繹出固有的消遣和創意。我每天實驗新的方法，以便時時增添些新內容。依桑塔維納的說法，「扞格的環境」可以從外激發我們，一如善行懿德由內在激發我們一樣，「是幸福的代名詞」。我所處的環境本來就是艱險萬狀，但我可以設法讓它變得舒適怡人。我的烹飪速度更快了，氣象和極光觀察更形專業，做起例行工作也更有條理。我的目標完全掌握在一觸即發的時機。我散步時間加長，書看得更勤，思緒集中在客觀的層面上。換言之，我決定更專注地去料理自己的事。

在此同時，我也固定實驗寒天衣物。在屋內，我平日的穿著包括厚毛衫、短褲和內衣褲（中量級）、兩雙毛襪（一雙重量級，另一雙中量級），外加一雙自製的帆布靴，以海豹皮薄帶為底，半吋厚的毛氈為邊，踝部以皮帶扣緊靴底。比起身體其他部分，腳部感受寒氣最快也最久，因此最容易受凍，這是因為腳部的循環不如身體其他部分，更因為寒雪的冷意傳導到腳部，引起凝結作用的緣故。帆布的滲透性可以多少解決第二個問題：靴子做得比平常長兩吋、寬半吋，有助於循環。這靴子看來跟馬鈴薯袋無異，功效倒是真的不錯，每當需要在外頭久待，我總會換下濕冷的襪子和襯裡，放在爐邊烘乾。靴子的內底沾了一層冰始終不化。冷已經不足為奇，這經驗也讓我學到：保暖的訣竅不在於衣物的多寡或厚重與否，而在於尺寸和材質，最重要的是穿著和保養的方法。

到「前進基地」不久，我只要瞄一眼溫度記錄器，就知道到上頭該穿什麼衣物。若只是快速觀察，那麼帆布防風衣、手套和可以拉下護耳的毛線帽便足夠應付；若是要剷雪，就得換上頭盔、防風襪子、褲子和風雪大衣；散步時，我會在防風衣物底下加件毛線衣，所謂防風衣物，其實只是未漂白的棉質衫褲，質料跟一般的床單布相同，沒什麼特別的。毛線衣即使有半吋厚，寒風依舊可以直接滲入，反之，薄似紙張的防衣物從頭到腳包緊，下顎和腰間再以繫帶或鬆緊帶綁緊，寒風便很難透入。最理想的質料不是完全防風，而是要能透進相當的空氣，才能避免濕氣凝集。溫度在零下六十五度時，我通常會戴上由鐵絲架罩上帆布所製成的面罩。頭罩有兩個通風口通到口鼻部位，眼睛部分有個橢圓形的縫隙，呼氣時用鼻管，呼氣時用口管；由於呵氣成霧會結凍的關係，口管沒多久就會堵住，得隨時用手拂去。要是天氣極為寒冷，而且又得在外頭待兩個小時以上，我通常會穿戴毛皮行頭（長褲、風雪大衣、手套和皮靴），這些都是以鹿皮製成，是最輕又最具彈性的保暖衣物。有了這些禦寒裝備，我就可以像潛水夫一樣在嚴酷環境中悠遊。

五月跟四月一樣，要做的事一樣也少不了。在寂靜、沖和與緩緩搏動的夜裡，我的生活絕不是沉滯的；我是雪暴和極光觀測員、守夜人兼告解神父。好事、壞事，總是有事。舉例來說，為了要節省汽油，我取消星期二跟「小美洲」的無線電連絡，因此多出了不少空閒時間，剩下的兩件例行工作也就更顯活力。戴爾誠懇而不失禮數地唸著我們自創的暗語，其中少不了關於家人的消息：「A代表亞瑟（Arthur）、L表示笑（laughter）、C是天花板（ceiling）……」我耳中還依稀聽到他在唸。偶爾也會有朋友的消息。有一則電文來自白宮老友羅斯福（Franklin D. Roosevelt）總統，他說希望「永夜不會太冷，風不會太強，妨礙隨興夜遊」。波爾特、勞森（已完全復原）、席波、諾維爾、海涅斯或英尼斯—泰勒總是會插話進來，有時談論探險隊上的問題，有時純粹是為了打發時間。

一波未平，一波又起。我每當搞通一個問題，就又會有另一項出毛病。我剛賀喜自己已精通氣象觀察人員的工作，室外的溫度記錄器卻出了毛病。這設備在上頭儀表百葉箱內，連動桿、記錄筆、滾軸和板面上都結了白霜。這次，我把儀器搬進屋裡，更換記錄紙和做若干調整，發現是溫差造成金屬表面結霜導致故障，只得再搬到淒冷的坑道內調整，手上只戴絲質手套保暖；即使是絲質手套，在修理速度調節器時還是感到極不順手。這調節器想必是專門發明來整氣象人員的。

像這樣，即使獨居在羅斯冰盾中心，還是有很多事忙不完。我在日記中寫道：「……今晚我玩了兩把坎菲爾德單人紙牌，不得了！這也是我玩的唯一牌戲」，以及「……我最喜歡的唱片是〈家在農場〉（Home on the Ranch），這是我學會唱的第二首歌（另一首是〈帶我回維吉尼亞老家〉（Carry Me Back to Old Virginia），但我只敢在飛機駕駛艙內沒人聽到時才唱），今晚我是邊洗碗邊唱歌。獨居雖然沒有讓我歌聲更甜美，但我頗能自得其樂。今晚可說是「狂歡之夜」。日記已成爲一種把思考化爲言語的方式，不再只是單純的紀錄而已。這是塡滿就寢前最後一小時的好辦法，也有助於穩定我的人生觀。

五月九日

……我下定決心努力排除晚餐後的沮喪時間。今晚之前，我的心情原本已經好轉，現在卻又闌珊沉鬱。理智告訴我，我沒有沮喪的權利。我在化解莫名焦躁上的成績比預期的理想。我似乎已常能學會如何保持思緒和感情的平衡，因爲我並沒有感覺到焦慮。因此，我懷疑心情不佳也許是某些東西影響到身體的緣故，也許是爐子、煤油燈或發電機的油煙。果眞如此，那麼心理狀態也許可以抵銷油煙所造成的沮喪。

我的敵人既然是無形的，那麼仔細審思自己的狀況便十分重要。這倒不是說我變得內斂自省，也不表示我自律過嚴，而是我的思緒相當客觀。不過，既是有害的東西影響到我的身體，這影響跟心理平靜又有什麼關係呢？確實有幾種身體上的病痛，會造成心情沮喪，問題是，不以爲意甚或否認它的存在，對於克服這種影響究竟有多少功效？萬一失調是來自內臟器官、宿疾、食物不佳、細菌，或爐子排放的廢氣，那麼，給予心智妥善引導，究竟能讓身體產生多少抵抗力？

也許是外物對身體造成傷害，加上下意識的負面情緒又使事態更爲惡化。既是如此，我就是身心都有問題，非得打破這種惡性循環不可。身心究竟是平行的個別存在？還是生理大多受到心理的影響，而心智部分也是生理影響所致？身心之間的分野究竟多大？形固然可以役心，但以心役形豈不最自然也是最好的方式？大腦是身體的一部分，但我並不覺得腦的存在，心似乎才是眞正的「我」……

究竟哪個是我？身？心？還是兩者？找出箇中眞相，事關重大。除了眼睛有點痛和肺部對寒冷還是很敏感外，我並未感到體力有衰退的跡象。我確信飲食跟心情沒有關係，至於油煙則得打上問號。因爲眼睛和頭隱隱作痛都是在傍晚時分，也就是在爐子長時間生火之後；無線電連絡之後，汽油引擎開動過久，坑道內的空氣確實也比較濃濁。不過只要保持通氣口不被冰雪堵塞，通風狀況還算良好，我不太相信爐子和引擎的廢氣眞有那麼大的傷害……

我還記得，寫完前述的日記後，我起身檢查爐子。我四處走動，好像懷疑朋友存心不良似的，悄悄地窺視這簡單的機械，而我的神情想必是非常嚴肅。爐子看起來滑稽多過奸巧，這會兒，它正謙卑地執行著爲浸泡內衣褲的水桶加熱的任務，燃燒器的嘶嘶聲顯得有氣無力；高度及膝的小爐子連著長管子，顯得相當滑稽突兀。我只找到兩個毛病，一是燃燒器經常發出啪啪的爆裂聲，以及桶子在融雪時會滴水冒煙；二是管子容易積冰，當冰融化時則順著管子滴進爐子裡。我已經在直角接頭的地方鑿個洞，以防冰水流到燃燒器，若是這招還不管用，我只須把接頭拗成V字形，就可以做個簡便的排水瓣。

除此之外，我想不出還有什麼該做的；老實說，不須太費周章。以通風管運作的環境來說，表現已經相當不錯了。屋內空氣絕對足夠。白天，我不時把門打開一、二吋寬，待冷得鼻頭作痛才關上門。爲了讓室內較遠端的地方比較有生氣，我把一個角落取名爲「棕櫚灘」（Palm Beach），另一邊叫「馬里布」（Malibu），但在門開著的時候，若不穿上毛皮長褲，這兩個角落很難令人有舒適感。這話千眞萬確，我常在用無線電連絡時，倒杯水放在電鍵旁，想到要喝時已經泛著一層浮冰了。

誠如日記中所說，飲食提供了適量的維他命，我已是心滿意足。眞的，我的腰帶已經縮了兩孔，這個月結束前還得再縮一孔。這是可以預期的。我對營養學和探險之間的關聯做過深入研究，特別是在維他命方面，爲了安全起見，我還參照朋友約翰．柯洛格（John H. Kellogg）所送的權威著作《新營養學》（*New Dietetics*）。起先這本書遍尋不著，最後才在無線電連絡時，請戴爾派人去找席波，問他到底把書放在哪裡。十分鐘後，席波回話說，他最後看到那本書時，是在陽台的一只箱子裡。我依言找到了那本書。

我很快把書翻閱一遍，證實我所料不差；也就是說，就食物的攝取而言，我的飲食完全平衡。不過，我還是請「小美洲」代爲請教紐約一家知名的食品營養實驗室，俾作核對；那兒的專家很快就回報說，我的飲食各方面都很恰當。

五月十一日

早上十一點十五分，時間雖已不早，但我還是想提一下方才的體驗。午夜時分，我爬到上頭觀察極光，只見從北面到東北面的地平線上出現一點紅光，我在等待午夜時分到來前，以自製的循環播放器播放〈貝多芬第五號交響曲〉。夜靜謐清明，我打開小屋房門和雙動頂門，站在夜色中張望，但見我所喜歡的星群明亮如昔。

不多時，我恍惚感覺眼中所見和耳中所聞合而爲一，兩者嚴絲合縫，音樂聲彷彿與天空上的變化歙然冥合，音符揚起時，地平線上隱約的極光搏動加速，迅即披散成弧狀，光柱如扇形般泛過天空，約到天頂位時音樂也逐漸增強。音樂與夜合而爲一；我告訴自己，所有的美都一樣，都出自同一源頭。英勇無私的行爲，本質上也跟音樂和極光相同。

午後十點。幽居是絕佳的實驗室，正可觀察禮儀和習慣受他人限制的程度。我的餐桌禮儀倒退了幾百年，只有惡劣兩字足堪形容；事實上，我已經完全摒棄禮儀。我可以隨興用手抓著吃、挖著罐頭吃或站著吃，換言之，取其最簡單的方式。吃剩的就倒進腳邊的餿水桶裡。現在想想，這樣吃很方便，本來就沒什麼不可以；我還記得伊比鳩魯（Epicurus，古希臘享樂派哲學家——譯注）說過，一個人獨居過的是野狼般的生活。

一個人過活，排場派頭的講究幾乎蕩然無存。起先我一碰到不順心的事，馬上就耐不住性子開罵，現在已經很少口出惡言了。修理風速計上的電路還是跟當初一樣冷徹骨髓，但我知道夜廣袤無垠，口出惡言嚇不了別人，因此我只是默默地工作。

我的幽默感還在，但唯一的源頭是書籍和我自己；再說，我能看書的時間畢竟有限。今天早上，我一手拎著水桶，一手提燈進屋後，把燈放在爐子上，掛起桶子。我看了看，不禁笑了起來，不過現在我好像忘了怎麼放聲大笑，只是會心微笑而已，這不由得使我想到，笑出聲音基本上只是分享歡樂的作用而已。

此外我還發現，少了談話的對象使我不太容易用「話」思考。有時我會在散步時自言自語，聽聽自己的話語，但覺空洞而陌生。舉例來說，今天我想到缺乏娛樂對生活的特殊作用，卻無法用語言表達；我可以感覺到自己目前的生活和正常生活間的差異，卻不知如何透過語言貼切地表達箇中微妙之處。可能是因爲我已經比較深入內心的層面，既然感受更爲直接和正確，所感所覺便不需要進一步界定……

我已經幾個月沒理髮。我之所以任頭髮留長，是因爲頭髮長至頸間可以保暖。至於鬍子倒是每星期刮一次，否則到了外頭呼氣成冰，沾在鬍子上是很討厭的。今晨我對鏡端詳自己時得出一個結論：身旁沒有女人，男人就不會虛榮。我雙頰起水泡，鼻頭也因凍傷不下百次而變成蒜頭鼻。外表一點也不重要，要緊的是我作何感覺。雖然我跟在家裡一樣保持清潔，但清潔和禮儀與賣俏是不一樣的；清潔是圖個舒適。晚上洗澡時通體舒暢，若是內衣褲不乾淨，一碰到就會覺得不自在。

我一直在分析離群索居對一個人的影響，但誠如前面所言，我很難用言語加以說明，我只是覺得少了些奢侈品。在文明社會裡，必要的群居生活使我無法看清無數的消遣和娛樂究竟扮演何等重要的角色，而我發覺，突然失去這些的傷感卻是遠遠出乎我的意料。也許是不脫維吉尼亞人的本色吧，我倒是懷念不時有人糗我兩句。

五月十二日

……此地的寂靜擲地有聲，宛如有形有質一般，比冰盾偶爾發出的嘎嘎聲更眞，比雪震時的震盪更沉……似乎與寒冷、黑暗和時鐘不停的滴答聲一樣，儼然成爲這莫可名狀的「沖和」的一部分。沖和帶著不變的心情充塞於虛空，用餐時坐在我對面，夜裡和我同床共枕；思緒飄不了多遠，終究會被它逮個正著。它的深奧蘊藉無始無終。我的心情常常飄浮其上，心情一過則不期然會渴望變化，如看看樹木、岩石、一把土、霧角聲……等屬於活動和生動世界的事物。

我不慌亂。這是個重大體驗。晚餐後的消沉可能是因爲這時候我們期待有人相伴，而友朋卻都不在身邊。我意外地習慣在早上自己醒來；這本能莫名其妙地消失，又莫名其妙地恢復。過去這兩星期以來，我都能在心中預設起床時間的十分鐘內醒來。

我越來越心不在焉。昨晚我把糖放到湯裡，今夜我舀了一湯匙的玉米粉，原本是要舀進平底鍋，不料卻灑在桌子上。我看幾份舊英文雜誌，開頭是看偵探故事連載，關鍵的兩集卻怎麼也找不著，沒辦法只得換愛情故事，但想到地平線那頭的男歡女愛，總覺得怪怪的。畢竟，此地是未曾有女人涉足的大陸；這句話說得再貼切不過了。事實上，前幾次我的探險隊員在返國後匆匆踏入禮堂，已足以提供有力的證據。在「小美洲」的四十一個人當中，有三十一位是單身漢；其中幾位是在紐西蘭碰到女人就結婚，還有好幾位一回到美國就立刻步入結婚禮堂。兩位年近五十的老光棍回家後不久也結婚了。剩下的幾位其孤獨難耐可想而知。

五月十六日

已經一個星期不會在晚餐後感到心情沮喪。不是我自信過人，而是我相信自己已經克服了……

五月十七日

……今天又是難得的閒暇。多虧規律性的做事方式，我才有如同無窮盡的時間，可以從事心智活動。只要我喜歡，可以一頁書看上幾個鐘頭。今夜，我想到自己的生活何等充實而單純——我唯一所欠缺的就是誘惑。

部分是出於好玩，今晚我沉靜思考和諧的問題。我認爲，人既然是宇宙不可分割的一部分，既然宇宙萬物的運行（movement）優美柔暢，一如原子中的電子和質子、太陽系中的星球或銀河裡的星星，那麼正常的心智應該也可以和諧無礙地運作。

不知怎的，我的思緒似乎比往日更容易調和……

這是難得的時刻；我只覺心境純淨安詳，乘著想像的柔暢、浪漫的潮汐悠遊，就像船隻隨著周遭環境的力量和目的漂流一般。心凝神釋的時刻不多見，但僅這吉光片羽便足以聊慰平生。我自覺此時內心平衡，且莊嚴的迴影持續許久。此刻，世界如詩，是一首「靜中情」

的詩。

也許這段時間只是我年輕時代的重現。有時我確實有此想法。幼年，我常趁夜裡溜出屋外，到離家有點距離的格拉斯（Glass）樹林散步。榭南多山谷（Shenandoah Valley）黑影幢幢，對小孩子來說是有點可怕，但每次駐足仰望天空時，總有一種介於安詳和悸動間的情緒浮上心頭；當時年紀尚幼，還無法細細品味那種感覺。直到後來服役海軍在海上值夜，甚至當了探險家，初次邂逅前人未曾涉足的山河大地時亦然。這種感覺無疑有部分出自動物本能：發現自己活著、茁壯、不再恐懼。更有甚者，還有一種與寰宇運行合而爲一之感：人人心中具體而微的天命預兆，以及等候瞬間的啓示。

五月 二、來自心智的打擊

極地生活大部分是一種心智生活，從容省思是唯一的友伴。不錯，孤寂之沉重超乎我的預料。我的價值觀起了改變，很多以前在心理呈液態的東西，現在開始結晶。

五月宛似圓石沉浪，時間最後一絲緊迫的意涵溘然消逝，日復一日，不復省記。戴爾時時對我讀報，但世界新聞對我而言，就像對火星人一樣幾乎毫無意義，縱使有意義也只是懵懵懂懂而已。遠方的經濟震盪與我無干，「前進基地」適用的原則不同凡俗。早上醒來，我只消對自己說：今天該換氣壓記錄紙，或今天是加充爐子油槽的日子。夜匆匆來到。到了五月十七日，也就是太陽沉入地平線下一個月之後，月光隱微，只是冷豔紅光在黑暗中點燃的一絲微光。風在北方或東方流連時，風起則雲湧，羅斯冰盾籠罩在混混溟溟的巨影中，黑影重重相疊。這就是極地之夜，有著冰河時代陰沉的面貌，萬物蟄伏，空蕩沉寂；這是「寂然不動」（inertness）的精義。遠方隆隆之聲響徹耳際，恍如千鈞罩頂。

陰暗日甚，隨之而來的是嚴寒。五月十九日，我作例行散步時的溫度是零下六十五度，第一次連帆布靴也保護不了我的腳。由於一邊的靴跟脫落，我不得不返回小屋換上羊皮靴。今天我覺得非常難過，渾身刺痛，感覺跟瓦斯中毒一模一樣。這倒是很有可能，因爲第二天早上，我檢查通風管發現，入氣口已完全被霜堵死，出氣口也有三分之二堵塞。次日，也就是二十日星期天，是最冷的一天。最低溫爲零下七十二度，平常就比儀器百葉箱內溫度計略低的室內溫度計，則降到零下七十四度；百葉箱內的溫度計完全停擺，加在油墨裡的甘油和潤滑油都已結凍。燃料槽內的空氣膨脹得厲害，一點起爐子，汽油濺得到處都是；爲隔絕酷冷的溫度，我用塑膠氣墊裹緊油槽。在手電筒的光線下，煙囪管和通風口好像兩具蒸汽引擎不斷冒出騰騰熱氣。溫度記錄器故障，花了好幾個鐘頭才修好。燃料油不流動，我只好提一桶進屋擺在爐子旁邊。坑道內，整天點著兩盞汽化煤油燈。

這天又是無線電連絡日，我著實費了一番手腳準備。引擎熄火一個小時，修理化油器就使得我的手指凍出水泡，到實際與「小美洲」連絡時，幾乎敲不動電鍵。「請海涅斯講話」是我第一個要求。哈奇森在「小美洲」各坑道找資深氣象學家海涅斯時，我先跟莫菲聊了一會兒。「小美洲」只有零下六十度，「但底下很冷。」莫菲說道。「我這裡現在是零下七十度。」我說。北邊的結論是「有你受的」。

耳機裡響起了海涅斯開朗的聲音，我跟他說明溫度記錄器的問題。「我們這兒也有同樣的問題，」海涅斯說道：「可能是油結凍的關係，我建議你把儀器移到屋內，用汽油浸過後，再用乙醚清洗；至於油墨結凍，不妨再多加點甘油。」海涅斯顯然心情很好。「我說，將軍哪，」他的話聲音宏亮。「我從來就不為儀器操心，訣竅就是找個肯上進又聽話的助手。」我一聽不由吃吃地笑起來，因為我知道第一次探險時，新進氣象專家葛林明格（Grimminger）的遭遇：海涅斯背對著爐火，鼓起如簧之舌勸誘這位新人說，基於責任和難得的自我精進機會，他應該冒著雪暴去修理故障的記錄器；海涅斯在暖和的屋裡哼著小曲，助手則在露天下把裝有經緯儀的探測汽球升上夜空，結結巴巴地以電話通報計算上空氣流速度與方向的游標度數。那一天，我倒是滿心希望自己也有這麼一位助手，他一定會認分地爬上風速記錄器標桿。鐵栓上的霜沁透皮靴，凍壞了我的腳趾；呼吸在風中發出爆裂似的聲音，本來就已隱隱作痛的肺部，一呼吸就像要蜷縮起來似的。

難得極光如此明耀燭天，夜隨著它狂熱悸動，持續數小時之久，偶爾夾雜冰盾雪震之聲，宛如巨砲乍響。我因喝了滾燙的茶而舌尖腫痛，鼻頭也因凍傷隱隱作疼。我心想，靜寒必起風，應該上屋頂去瞧瞧。我提了幾加侖的水到上頭，倒在屋角四周。水一碰地就結凍。這一層冰在堆積的冰磧上形成一層甲冑。

午夜時分，我上屋頂觀察極光時，肩膀一頂開頂門，一陣窒息感陡地襲來。我急吸一口氣，但空氣卻達不到肺部。我百思莫解，可能也有點驚慌，趕忙滑下梯子，轉身進入屋內。窒息感來得快去得也快。我好奇而且小心翼翼地再次上梯，結果還是一樣喘不過氣來；但這次我想到原因了。原來是稀薄的空氣從東方而來，來勢甚猛，因而壓縮了換氣空間。於是，我背過臉去，用手摀著鼻子呼吸，終於完成了極光觀察。我還在下屋前做了個有趣的實驗：我把溫度計放在雪上一會兒，發現雪面的溫度確實比離地四呎的百葉箱內冷五度。後來我躺在睡袋裡看書，雖然凍壞了一根手指，但我輪番把手放進溫暖的睡袋內，另一手拿書倒是沒問題。

再逃過一劫

風因著寒冷從東方呼嘯地吹過來。風逐步加強，就像寒冷重逾千鈞，難以將它推開。二十一日晚上，氣壓計故障。我第一次到上頭時，夜黑風勁，猶如暴雨雲當空；夜色中黑影幢幢，顯示新的暴風中心正在成形。次日，我樂得藉機待在地下，在雪壁內點起一根紅燭，長時間在逃生坑道幹活兒。這一天，我把緊急逃生口推進二十二呎，是進度最遠的一次。工作結束後，我坐在箱子上，正在思忖紅燭映雪壁是何等奇妙時，倏地注意到風速計嘎啦嘎啦越響越大聲，心想必定是風勢增強了，趕忙到上頭查看是否牢靠。目睹雪暴颳起，是個奇特的經驗。首先是風不知從何而來，接著，冰盾自捲，原本有如金屬般堅硬晶亮的雪面開始粼粼波動；有時，勁風捲起冰磧，恍若白雲排空，飛捲數百呎高；有時又是緩緩生成，可以感覺到四面八方齊動，隨著第一波鬆動的冰晶捲起，空氣中充滿嘶嘶沙沙的聲音。不一會兒，冰晶有如浪頭襲來，漫過腳踵，湧上腰際，捲到喉頭。冰磧漫天，濃得看不到前方一呎的光景，抬頭望天，卻見朗朗眾星穿透頭頂上薄薄雲層。

我檢查完畢時，風速計標桿已經冒起裊裊輕煙。我趕忙奔回頂門，正如水手下艙一樣，在得知船隻安然無恙後才能安心在艙中躲避暴風。在堅實的冰盾下暴風難以侵襲，但風聲卻是清晰可聞。狂風在通風管中嗚咽，煙囪管晃動，彷彿要連根拔起般，以千鈞之勢撞擊著屋頂。我確實感到虹吸作用。屋內和坑道內輕風微微，蠟燭搖晃幾下便告熄滅，只剩下微弱的防風燈光。

儘管如此，不到上頭觀察，還是不知道情況究竟有多嚴重。我一把將頂門往上推開，冰磧立時像一面牆似的迎面壓來。儀器百葉箱離梯子只有幾步距離，卻像是遠在數哩之外。我如同乘風破浪般，冒著疾風勁雪前進。夜黑如墨，手電筒的光線出不來，伸手不見五指。

回屋時，防風衣上披滿了一層冰磧。我隱約覺得不對勁，但又說不上來我離屋後發生了什麼變化。不久，我注意到屋內冰冷異常。我掀起爐蓋，赫然發覺油槽雖然還有一半，爐火卻已熄滅。我猜想，大概是我上屋前不小心關掉油閥，點起火柴湊近燃燒器，不料倒灌而下的風立即把火吹熄。原來是風把爐火吹熄。我再度點起火，小心看著。

雪暴變成狂風。在風聲呼嘯中，無線電天線和風速計拉線嗚嗚作響，不由得使我想起船索在風中嗚咽的光景。風向紀錄紙上一團亂，想必是飛雪使得電接頭短路。我想，這時即使想清理也無能爲力，只好先不予理會，反正還有別的方法可以取得風向紀錄。我把手帕綁在竹竿上，插在通風管口上，藉著手電筒微光，就可以看出手帕往哪個方向飄。我以這種方式每隔一個小時做一次，將風向變化記錄下來，但到了凌晨二點左右，我已經被這種潛望鏡式的觀察弄得筋疲力竭。我若指望在睡覺的同時，又能繼續將風向變化記錄下來，除了清理接點外別無他法。

風勢很強，上頭的冰盾震盪搖晃，喧噪聲震天價響，好像整個大地就要自行崩裂瓦解一般。我差點推不開頂門，一推開門，濃霧馬上迎面撲來。我抓著後面的把手爬出來，先辨別方向再把門關上，以免坑道內被冰磧塡滿。無數小雪球朝著我眼睛襲來，好像被氣槍ＢＢ彈打到似的，感到一陣刺痛；雪也塞滿了我的鼻子和嘴巴，連喘氣都十分困難。我唯恐一站起來會被飛雪吹斷腿，或有一步差錯就永遠迷失，只得手腳並用朝風速記錄器爬去。

我是腦袋撞上夾板，才知道已經找到電線桿。我想爬上去，卻彷彿有無數的白色幽靈剜我眼珠子，就要把我撕裂一般。經過一番折騰仍是徒勞無功。冰磧飛捲，一清理完馬上又沾滿接點；此外，風速計轉動得十分快速，在清理時稍不小心很可能會被掃斷幾根手指。下了電線桿，只覺身體被風吹得猛烈打轉，根本無法控制行動。我找到頂門時，但見頂門已完全被冰磧淹沒，我用手在周圍扒了一會兒，先是一隻手，然後兩手猛拉著門把，還是文風不動。我嘟噥道，反正這門原本就是密合的，可能是冰又把四角給卡死了。我跨在門上，使勁猛往上提。可惜，此舉形同要將整個冰盾舉起來，實在不自量力。

我不得不承認，此時我心已慌意已亂，理智早就逃之夭夭了。我像瘋子似的用手指抓著這三呎見方的木門，用拳頭猛擂，盡量讓積雪鬆動，這招沒用，再趴在地上猛拉，直拉得我雙手又凍又累，虛弱不堪。我曲肱枕著頭，臉孔朝下，不停地對自己說：「你這大笨蛋！你是大笨蛋！」這幾週以來我一直小心提防被困在屋內，沒想到如今卻困陷屋外；更糟糕的是，我防風衣底下只有毛線大衣和長褲。二呎之下就是避難所，溫暖、食物、工具，求生必備用品一應俱全；這些東西伸手可及，無奈我卻搆不著。

南極夜晚的雪暴極爲無情，它的嚴酷不是從風速記錄紙上所能衡量。不僅僅是風，還有一面又一面堅實的雪牆，帶著狂風的勁道移動，洶湧澎湃（由於冰磧飛捲，阻隔了視線，令人喘不過氣來，是以南極的中度風速，其風勢之強勁就跟其他地方的颶風相當）。這股強勁衝力就像不共戴天的大敵，完全集灌在你身上。在無情的爆音中，你變成瀕臨瓦解的世界裡的爬蟲類似的，看不見、聽不到、動不了，肺部空氣被吸光後，腦袋空空盪盪。普天之下再也沒有別的事物能讓一個人這麼快就感到孤立無助。

我凍得半死，摸索著往幾呎外的通風管而去，不一會兒便摸到一個圓形的東西，急忙兩手抓緊，引著身體向上。是通風管的出氣口。我雖不明其故，但本能卻叫我曲身跪下，將臉孔湊近出氣口。屋內只有地板上反射出一束微光，什麼也看不見，但暖氣上衝到我臉上，使我的心情爲之鎮定不少。

我仍然保持跪姿轉身背向雪暴，心中叼唸著該怎麼辦。我想到打破天窗，可惜天窗上有二呎厚的積雪，四周又有鐵線固定。若是有工具，也許可以挖開積雪，再用腳踹開天窗。手中的通風管使我靈機一動：也許可以用它來挖。奈何通風管也卡緊了，拉得我雙臂隱隱作痛，依然是分毫不動。我感到灰心絕望，埋首在明知沒有結果卻不知花了多少時間的工作上。我忽然想到那把圓鍬。一星期前，我剷完雪後就把圓鍬插在背風處。那把圓鍬可以救我一命，問題是，怎麼在飛捲若狂風的雪暴中找到圓鍬？

我躺下身去，雙手仍然緊握著通風管爲圓心點，盡量伸長身體，雙腳四處移動，可惜都踹空。我慢慢爬回頂門；門邊的積雪提供了另一個著力點，我再次四處踹動，同樣徒勞無功。未找到可以攀附的東西前，我不敢鬆手。這時，我雙腳搆到另一根通風管，我慢慢爬過去，再從這個新支點重複方才的動作。這次，我腳踝碰到硬物，順著摸過去，立刻認出是圓鍬柄；我恨不得盡情摩挲它一番。

我拿著這支得來不易的工具，慢慢移向頂門。圓鍬柄剛好穿入充作門栓的小木梁下。我雙手扳著圓鍬，試圖把門撬開，可惜力氣不夠，於是，我趴下身去，肩膀擠到圓鍬底下，然後再用力推頂。頂門驀地彈開，我整個人滾下屋去。一掉進「光明溫暖」的屋裡，心中不禁直歡呼：太好了，太妙了。

向世界廣播

我的手錶停了，但從經緯儀計時器可知，我到上頭不到一個小時；爐火已熄，我懶得再去生火。屋內的溫度還可以脫衣就寢，我因爲太過疲累了，連翻身上臥鋪都得使盡全力。我一時還睡不著；雪暴在頭頂上砰砰響，我心裡仍不斷在想，要不是圓鍬在上頭，現在我會做什麼，也許還在掙扎，也許不然。還有比凍死更慘的死法。耳中聽不見雪暴巨響，麻痺和安詳會使得心智遲緩，反而是種安詳的死法。

次日早晨七點醒過來時，風還在吹，但已不那麼強勁。在防風燈昏黃燈光下穿衣，我渾身發抖。衣服結了霜堆在地上，跟幾小時之前落地時的樣子完全一樣，我穿上時還發出紙張似的沙沙聲。爬上梯子的同時，我心中悻悻然思忖道，肯定又卡死了。果眞，我發現頂門卡死時，心中並無不安之感。我準備了一把鋸子、一把圓鍬、登山索和一盞燈，直接往逃生坑道走去。坑頂離地面不到二呎，不消多少時間就鑿了個洞。

在離開坑道之前，我先用根粗木頭插在洞頂，綁上繩子，然後把繩子另一頭繫在腰間，再以箱子墊腳當梯子，攀上地表。飛雪還很大，手電筒可照到方圓一、二呎的地方。兩次失誤後，我終於找到風向計標桿；風杯上堆積的冰磧硬得跟水泥似的，我先將冰磧清理掉，再刮除接點上的積雪。這是件苦差事，卻又非清理不可，因爲積雪會使風杯轉動和風速記錄趨緩。不過，經過昨夜的遭遇之後，這算是小事一樁，我已沒有抱怨的理由。

我首次取消「例行散步」。除清理儀器和料理個人的需要外，省下來的時間全用在剷平小屋四周的積雪上。幸好新雪初降，還不算太堅硬，只消把雪剷到空中，風自然會把它吹到背風處。完工之後，我用兩口食物箱子封住逃生坑道口，重新將頂門打開。早上陰鬱天空上的閃電漸消，沉沉黑影穿透翻湧的冰磧而來，但風勢和寒意已暫時減弱，氣溫上升到零下十度。我安穩地躺在臥舖上，好像一個工作百年的人似的，睡得甚是香沉。

二十四日星期四，天氣暖和得出奇。早上八點觀測時，最高溫是零上二度。東面還吹著風，冰磧斷斷續續地從那個方向吹來，使得天降飛雪益發濃密。由於到了查看發報器和接收器時才發現天線被吹落，無線電連絡時間因而延誤了將近一個鐘頭；我匆匆把斷線部分接上，暫時用兩根竹竿把天線架好。在我開始試著連絡時，只聽見戴爾很有耐心地呼叫。他說，我的訊號很弱，不過還可以判讀。除了討論安排我參加廣播特別節目外，我們談的不多。「小美洲」的溫度是零上二十五度，海涅斯已正式宣布「熱浪」來襲。

我接到的通知是，「小美洲」要在星期六當天對芝加哥世界博覽會作特別廣播，並詢問是否可以加一段我的問候？當然沒問題。我們敲定的結果是，由我以密碼拼出「來自世界之底的問候」，待「小美洲」接收後，再以功率較大的發報器轉播出去。我把這句電文譯成密碼，孜孜不倦地練習，豈料到了星期六當天，廣播在即莫菲才傳來消息說，紐約方面要我拍發「南極問候」。「依我的了解是，」莫菲諄諄說道：「他們打算把電文轉成煙火。」

「那是他們的事。」我說。

莫菲吃吃笑著。「如果煙火眞能拼出你拍的電文，那可是芝加哥大火以來最狂熱的演出了。」

我好像初次登台的演員興奮莫名，端坐在「前進基地」聽「小美洲」傳來的廣播，一聽到有人說：「我們現在跟柏德將軍連絡一下。」我立刻就著電鍵興沖沖地敲起來。怎知毫無動靜。幾分鐘後，戴爾說他聽得很清楚，但芝加哥什麼也沒聽見。「反正煙火也照放了。」他淡淡地說道。

海涅斯預言的「熱浪」果然不假。當天下午，溫度升高到零上十八度，是本地第二高溫。東風流連不去，羅斯冰盾籠罩著遠方海洋吹來的熱空氣。從這一天到月底的最低溫不過是零下二十三度，大部分時間都在零度以上或接近零度（整體而言，五月三十一天當中，低於零下四十度的有二十天、低於零下五十度的十二天、六十度以下三天、七十度以下二天，不能算是「熱月」）。雪下個不停，冰盾一片陰鬱，只有月亮的半個月周期時，月光稍稍透出雲層，暫時讓冰盾沐浴在寒光中。

五月二十五日

今天是我到「前進基地」的第六十四天，正好偷得浮生半日閒，於是利用這段空檔，稍稍回想前情，思量自己的處境。

有三件事特別值得慶幸。一是到目前爲止，觀察紀錄相當完整（雖然有點污漬）；二是防禦工事完善；三是我已經相當適應環境，特別是在心理上。現在我可以抵禦惱人的夜所發動的任何攻擊，欣然期待逗留此間剩餘的日子。

我的體重雖然比來時減輕，倒是覺得很好，反正我本來就有點胖。室內油煙也許跟體重減輕有點關係，不過，由於防患未然，我所吸入的油煙已經比當初少了許多。

我發覺極地生活大部分是一種心智生活，從容省思是唯一的友伴。不錯，孤寂之沉重超乎我的預料。我的價值觀起了改變，很多以前在心裡呈液態的東西，現在好像開始結晶。我更能分辨是非。我對成就的定義其實也已有所改變。最近我對人和人在宇宙造化中的地位逐漸有下列的轉變：

若是我不曾見過手錶，乍見之下一定會認爲，分針和秒針是有計畫的移動，絕非隨興而爲；宇宙的精準和秩序絕不是偶然所致，是最合理不過的臆想。所有的臆想都歸結成「和諧」兩字。就有心而言，無盡的證據顯示智慧無所不在。

直覺告訴我，人類跟山河大地、草木蟲蛇、極光、群星一樣，都是宇宙的一部分，不是偶然，不自外於宇宙進程。理智認同這概念，據我所知，科學的發現也殊途同歸。既然人是宇宙的一部分，也受自然律的規範，當然沒有懷疑的理由，這些自然律也同樣在心理層面運作，而意識所展現的就是這些作用了。

因此，我認爲是非之念出自意識，必然也是在符合這些律法之下成形。我認爲，宇宙智慧賦予形象與和諧，良知則是機制和連繫，讓我們直接認識自然律及其意義。

我更認爲，行之有素的是非之念消弭了大部分的個別脫軌現象，也跟其他所有現象一樣，是宇宙律法和智慧的具現。

因此，經人類測試而發現是對的事物構成了和諧、進步或祥和；相對地，不對的事物則有礙進步，造成不和諧。換言之，正確的事物構成合理的行爲，例如以理智取代武力，而臻於自由；不當的事物則導致暴力和奴役。

我所謂的祥和必須去爭取，不是消極以待。眞正的祥和來自於努力、紀律、熱心等的奮鬥；這也是力量的來源。消極的祥和可能演變成耽於感官和懈怠，而這就是不和諧。爲化解不和諧，戰鬥往往是必要的。這是它弔詭的地方。

一個人能在內心和家庭裡達到和諧，祥和自然水到渠成；由這樣的個人和團體所構成的國家，就是個和樂的國家。星宿一生的和諧表現在它的節奏和風華中，人生的和諧則表現在安樂上；我認爲，這也就是人類的基本欲求。

「宇宙是幾乎不變的意義和價值的寶庫」，但人不必因其莫測高深而沮喪，因爲人的一生不過是白駒過隙，瞬間即逝，而枝節和繁瑣的事又是無窮無盡，看不清整體全像是很自然的。不過，宇宙臻於和諧的目標卻是顯而易見的。體認這個目標和不斷奮勇邁進的行爲本身，就可以使人人更爲親近，所以它本身也就是個目的。

陷入昏沉狀態

三十一日星期四還是下著雪。早上沉寂陰鬱，氣溫約爲零上五度。日曆上標示著「無線電連絡」，我井然有序地開始準備。在我面前擺著當天要拍給「小美洲」的電文，一則是給大副鍾恩和領航員勞森，提醒他們調整羅盤偏差值；一則是給內人，請她協助我的秘書麥珂琪（McKercher）小姐和我在美國的代表，盡可能撙節探險隊開銷。戴爾記下電文後複誦一遍，然後說道，波爾特已遵照我的指示來到無線電室。我跟他和莫菲長談有關計議中的活動，特別提醒拖車要留意冰罅。波爾特談完他的事之後，莫菲接著提到幾件事，一件是「雅各．魯伯號」十二月返航「小美洲」，需要雇用一位冰河領航員。我們來來回回對談了一個半鐘頭。我從屋內就可以聽到坑道內的引擎聲；不知爲什麼引擎跳機了。「等一下，」我忙向戴爾拍出叫停的訊號，隨時取下風燈往坑道走去。坑道中瀰漫濃密的廢氣。我心想可能是混合機油出了問題，於是探身到化油器旁邊，撥弄針狀閥，但是沒有多大效用。我記得我直起身來時……這是我記得的最後一個有知覺的動作，接著就趴在地上。在昏昏沉沉當中，有個念頭彷彿遙遠的回音不斷響起：你還有一件很重要的事要做。至於是什麼事，我卻是迷迷糊糊的，只覺得自己已力不從心。不曉得這個姿勢維持了多久，大約是冷得清醒過來吧，總之，過了一會兒我爬回屋內。迷濛中出現無線電桌子，我這才想起自己要做什麼。我一面努力想著怎麼把想說的話拍出去，一面笨手笨腳地敲著電鍵。我沒有辦法戴上耳機，因此是否有回音我也聽不見（「小美洲」的通話紀錄顯示，在我拍發「等一下」和「星期日再見」之間，相隔約二十分鐘左右，那段正是我在坑道中的時間）。

之後的行動如夢似真，教人分不清。我依稀記得自己和衣躺在臥舖上，赫然聽到坑道內引擎不規則的噗噗聲，方才驚覺到應該關掉引擎，以免窒息身亡。我一骨碌地滾下床，踉踉蹌蹌往門口走去。我頭暈目眩，心跳如搗，恍惚中彷彿看到門楣下方灰煙裊繞；我一跨進坑道，卻見洞內上半層濃煙密布，看不清放置引擎的壁凹在何處。

我很可能又趴下身去，想必是已經意識到必須低身俯首，盡量靠近地面未遭濃煙污染的空氣。總之，我是蹲著找到壁凹處關掉引擎的。等我轉身，發現門口光線盡失，不由得愣了一會兒，好不容易才想起，屋內唯一的光源是無線電桌子上的電燈泡，全靠引擎供電。幸好我剛才把防風燈擺在引擎邊一口箱子上。我把燈提在前方，爬回屋內，爬上臥舖。

我很清楚的是，五月最後這一天所發生的事，很可能大部分都是幻想——遲緩而倦怠的幻想。也許我眞的翻身下床，更換自動記錄器滾筒上的紙張，否則如何解釋我隱約記得看見地板上有個玻璃罩。至於其他的，諸如前額和眼睛劇痛、噁心、心臟狂跳、虛空之間一點微光的幻像……都不是眞的。只有寒冷是千眞萬確的：痲痺感從四肢緩緩蔓延到全身。起碼我還能應付寒冷：我抓著睡袋口鑽了進去。

時鐘滴答聲使我從昏昏沉沉中醒過來。我不太記得是否已上過發條，但是習慣使然，我還記得應該去上發條，和更換自記氣象儀與溫度記錄器的紀錄紙。很顯然地，我是完成了這些工作，因爲次日儀器仍在運作；現存於「美國氣象局」的資料顯示，紀錄紙是在午後二點更換，晚了二個小時。在這段時間裡，我唯一確定的記憶是：一醒過來以爲自己眼瞎了。我張開眼睛竟是視茫茫，後來才想到一定是我剛好對著牆壁的緣故。防風燈已熄（不一會兒，我就發覺是燈油燒盡），但爐邊還有一點微弱的光線。

突然失去視力最教人驚惶失措。我永遠忘不了有一回，我們在飛機降落墜毀後，把佛洛伊德．班奈特（Floyd Bennett）從殘骸中拉出來時，他激動的聲音喃喃說道：「我完了，我什麼也看不見。」等我擦去他滿臉的油污，他重見光明的一剎那，神色變化眞是美極了。

重組昏迷事件過程

老是回想昏迷時的細節，對我而言是一大折騰，尤其當今日「前進基地」的往事已逐漸褪去成爲過往雲煙之際。一個人的傷心事跟他的愛情一樣，最不足爲外人道，即使談論起來也最難啓口。我從小就認爲生病很丟人，是應該隱瞞的事。然而，我待在「前進基地」那段時間，這次昏迷的後遺症始終揮之不去，況且個人跟這段確鑿不移的經歷之間的搏鬥，又在南極歷險中占有極大分量，是以本文不想略去這段。

這段往事歷歷在目，實在是太清晰了。然而，我不能全靠記憶，因此往後的幾天裡，我盡可能把自己所知道、所記得的事寫在日記裡。本能促使離群索居的人習慣訴諸筆墨，彷彿是命運要求擁有權力留下最後隻字片語。

那天下午就在我眼睛和太陽穴疼痛未減、躺在睡袋平復心緒中逝去。等神智逐漸清醒後，我開始重組在坑道中所發生的事故。我認爲，必定是引擎排放的廢氣凝霜，使得有毒氣體倒流入坑道。我可以相當肯定地說，一定是一氧化碳；從我突然昏厥、沒有窒悶感覺，以及頭疼欲裂、噁心、眼睛和渾身刺痛、昏眩等症狀，得到印證。我之所以能在坑道中撿回一命，是因爲我昏厥倒地。一氧化碳上升，坑道底部的空氣沒問題，加上氧氣進入血液使我清醒過來。

這意味著我必須認清自己的處境；認清僥倖逃過坑道之劫，就某種形式來說，只是防範重蹈覆轍過程中的第一步。事實顯示，至少短時間內，我是無力做任何事。我連在頭頂上方錫檯上的蠟燭幾乎都沒力氣去點。若是連這麼簡單的動作就耗盡剛恢復的一點氣力，我憑什麼去坑道取食物和燃油，更何況還得照料許多儀器？我可以不吃撐上幾天，也可以飲雪止渴，但已是羸弱不堪的我，少了暖氣準活不了多久，再說，每隔三天油槽就得加油。這些難題想得我頭昏腦脹，使得我再次昏迷過去，待醒過來時，一看手錶已是七點鐘。我不再那麼弱不禁風，但身體亟須補充水分。

於是我從睡袋中抽出手電筒，杵在床邊，把光線直對著爐子。有了手電筒導引，我滑下床，一手攀著床緣支撐身體。昏眩感從頭漫延到腳，所幸沒多久我就搆到椅子，倚著往爐子推去。爐上的水桶裡還有點水，我用鐵罐舀出；幾口水一下肚，但覺五內翻騰，我強忍著，好不容易喝了將近一整杯。我暗道聲奇怪，爲什麼牙齒打顫得厲害，揣想間信手摸摸爐子，約莫過了一、二分鐘才明白，原來水已結凍。星期四……星期四……該是加油的時候。油槽已乾，燈油已盡，若想要光明和溫暖，就得立刻加油。

我在往後幾天所作的筆記顯示，在黑暗中突如其來的暈眩感，發揮了緩和日子的作用。也許眞是如此。人處在苦痛和羸弱之際，是很難有三心二意的。我設法戴上手套，穿上風雪大衣，然後一手拎起空油槽，另一手拿著手電筒，往坑道走去。很幸運地，最靠近的油桶裝有龍頭，而且離門口只有十四步；但要走完這段距離，我卻得停下來把附在手電筒上的環套套在脖子上，以便騰出一隻手來穩定身子。我舉步維艱，走得很慢，就好像當年在官校學生訪英敦睦艦上得了傷寒，大病初癒第一次下床走路一樣。

我拿起桶子上的漏斗，套上油槽，趁加油的時候坐在箱子上休息。不過，我雖提得動油槽（加滿油後重約二十一磅），卻走不了多遠。才走幾步就覺心跳砰砰，頭暈目眩。我鬆手，頹然坐在靠近坑道頭的工具箱上。坐多久不太清楚，不過既然冷得發抖，想必是相當久的時間。提不動，或許可以用拖的，我每拖幾步便停下來喘口氣。這事我起碼還記得。

回到屋內，我把半加侖左右的油倒進油壺，供作防風燈使用。寶貴的燈油有不少灑在地上。不一會兒，我成功地把油槽提到爐子後方的檯子上，如釋重負之感油然浮上心頭。現在起碼可以禦寒兩天，若是省點用的話，也許可以撐三天。不過我並沒有去點爐火，一則是怕費事，再則是知道自己應該多休息；然而，在久處黑暗之後，渴望光明之心強烈，我於是點起了防風燈。在怡人燈光的鼓舞下，我試圖進行午後十點鐘的氣象觀察（舊時間其實是午後八點，因爲我在一、二天前把時鐘調早兩個鐘頭，當作是月光節約時間的實驗）。

這是個錯誤。我每爬一級就休息一下，終於爬上了梯子，用腦袋把頂門頂開，等了片刻，在一陣暈眩和滿懷的孤寂下，踉踉蹌蹌往儀器百葉箱過去。風速約莫是每小時十七哩（自記氣象儀的記錄只有七哩），不見極光。下了樓梯後，我再次感到虛弱無力。我得睡覺，我得睡覺，我的心裡有個聲音一直在說著。我在逃生坑道摸索一陣，好不容易才找到安眠藥盒。我拿著安眠藥，跌跌撞撞回到屋內，脫掉大衣、長褲和靴子後，已無力再脫襯衫。我以椅子墊腳，把防風燈掛在床鋪上方的掛釘上，整個人像虛脫似的爬上床。

燈一熄，黑暗倏地降臨。我渴望睡眠，但頭、背和雙腿疼痛，睡意全消。我躺在床上，驀地興起自己可能好不了的念頭。一氧化碳中毒是潛伏性的，一旦血液中的血紅素和肺部受到戕害，肝和脾須經長時間才能讓帶氧物質復原，即使有較好的醫院照顧，也得花上幾星期，甚至幾個月。對我而言，最嚴寒和黑暗的永夜還沒到，我實在無法說服自己相信自己還

【書房旅行家俱樂部】5大優惠

1 訂購＜探險與旅行經典文庫＞47折起優待
全套60種（逾70冊）特價15950元
第一年13種（15冊）特價4390元

2 免費獲贈四期
【書房旅行家俱樂部】書訊
掌握最新旅行文學訊息

3 立即贈送價值1420元
《新世紀世界地理百科全書》
連向世界192個窗口

4 每月固定接獲1種＜探險與旅行經典文庫＞
在家享受臥遊探險的樂趣

5 成為俱樂部當然會員
優先參加各項會員活動及購書優惠

請沿虛線對摺，黏貼後寄回，謝謝！

廣告回郵
北區郵政管理局登記證
北台字第10158號

免貼郵票

＜探險與旅行經典文庫＞
優　惠　專　案

100　台北市信義路二段213號11樓

城邦文化事業（股）公司　收
馬可孛羅出版社

cité 城邦　城邦文化　馬可孛羅

套探險旅行文學經典

60個迷人的探險故事

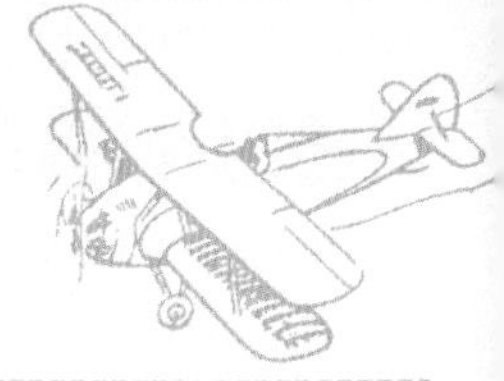

第一套＜探險與旅行經典文庫＞
家的傳奇故事，60張璀燦的生命地圖

百年西方探險英雄行走八方，留下的探險文獻波瀾壯闊。探險文化是西方
內容，不了解近二百年的探險經典，很難體會西方文化中闖入、突破、征
特質，以及在異文化觀照下逐步認識自己的旅行文學的進展。近二百年的探
是人類活動中最精采、最富戲劇性的一幕，同時成就了世界矚目的傳奇人物
文學創作。

險與旅行經典文庫＞是從近二百年旅行文學史中，精選60部代表不同類型
著而成，其中包括了自然學者旅行家（小獵犬號航海記/查爾斯．達爾文）、
旅行家（新疆地理寶藏記／艾爾伯特．馮．李．寇克）、人類學者旅行家、
家（獨自一人／李察．柏德）、女性旅行家（西非旅行記／瑪麗．金斯雷）、
家（沒有地圖的旅行／格雷安．葛林）、航海旅行家、登山探險家、狩獵探險家、邊緣文化探險家、旅行的故事（智慧七柱／T.E.勞倫斯、安娜與國王／安娜．李奧諾文斯）等，透過60部曠世經典，認識60個偉大精采的傳奇人物，聆聽60個真實的動人故事，更獲致60張絕色迷人的生命地圖。這項華文世界首次大規模探險旅行文學出版計畫，將投注一流的翻譯編輯人才，耗時5年完成。

全套60卷，每月出版一種
預計五年出齊全套
現在購買享有47折起優惠
再送價值1420元的
《新世紀世界地理百科全書》

專家導讀，奇人設計，既享受閱讀樂趣，又典藏美麗圖書

＜探險與旅行經典文庫＞由資深編輯人詹宏志精心策畫、選書、並撰寫總論及每書導讀。熱愛旅行書成痴的詹宏志，關注閱讀探險旅行文學作品二十多年，擁有上千冊旅行文學書，從事自助旅行活動也有十年以上。這次他把對「行動」與「文學」的多年研究付諸實現，從上千冊藏書中精選60部重要經典，親自敘說作者生平事蹟、創造背景、時代意義、在探險旅行文學的位置及曾發生的力量或影響，提供讀者近一步的閱讀線索。過去因為「東方幻想」而在華文世界缺席的探險旅行文學，從此將展開新的一頁。

以古畫襯底，探險旅行地特有文物為裝點構成的圖像，典雅中有著現代文學況味，是設計者為＜探險與旅行經典文庫＞所呈現的獨特風貌。王小美先生是這套鉅著的美術統籌，浸淫中外古書十餘載，愛古書也愛旅行，目前專事書籍裝幀與封面設計。他從古書中尋找靈感，每部經典的彩色書衣皆以珍貴古畫為底，再依探險地的風格做特殊設計，讓每本書都是一個美麗的典藏。有些書中並收錄了作者的親繪素描。

用雙眼行走，用心靈記錄，跟著文學家去探險
【書房旅行家俱樂部】讓您每月臥遊全世界

有的歷寒曝暑，橫行亞洲沙漠；有的駕一葉輕舟，溯溪探尋文化源頭；有的深入極地洞穴，獨自在冰天雪地裡觀察記錄；有的穿越阿拉伯、肯亞，在沙地、在沼澤區與貝都人流浪；有的在驚滔駭浪中航向蠻荒島嶼，發現物種起源；有的百變身分，深入異域探尋異國文化……前面的探險者為後來者畫圖，知識與樂趣，都可按圖索驥！讓我們在有限的生命之旅中，展開無限的神遊之旅！

【書房旅行家俱樂部】是華文世界第一個為喜愛旅行文學者成立的俱樂部，一方面將以5年時間出版全套60鉅冊＜探險與旅行經典文庫＞，一方面每年發行四次「書房旅行家」書訊，引介優秀的當代旅行家及旅行文學作品。加入會員，您可以①以47折特惠價15950元（每冊定價480元，原價33600元），擁有全套60種逾70鉅冊的＜探險與旅行經典文庫＞。或以61折特惠價4390元（每冊480元，總計7200元），擁有第一年出版的13種（15冊）＜探險與旅行經典文庫＞。②＜探險與旅行經典文庫＞每月固定出書1種，您只要坐在家裡，就可以和文學家去探險。③還可免費獲贈一年四期【書房旅行家】書訊。④再加送貓頭鷹出版，價值1420元的英國DK《新世紀世界地理百科全書》。⑤優先參加各項會員活動及購書優惠。

現在加入【書房旅行家俱樂部】，獨享5大優惠

1 坐擁＜探險與旅行經典文庫＞，每月只要投資266元

加入【書房旅行家俱樂部】可以享受會員獨享的47折購書優惠，以特惠價15950元擁有＜探險與旅行經典文庫＞全套60種（逾70冊）精裝書（原價33600元），比市價節省17650元。或以61折特惠價4390元（每冊480元，原價7200元），擁有第一年出版的13種（15冊）＜探險與旅行經典文庫＞。

2 每年免費獲贈【書房旅行家】書訊四期

【書房旅行家】書訊是中文世界第一份專門介紹當代旅行文學作家與作品的刊物，由專業編輯群精心編纂，銅版紙彩色精印，每季出版一次。

3 訂再送《新世紀世界地理百科全書》

《新世紀世界地理百科全書》是英國DK最新出版，認識世界192個國家與地區的百科工具書，價值1420元，只要訂購＜探險與旅行經典文庫＞就可免費擁有。

4 每月固定臥遊，跟文學家去探險

＜探險與旅行經典文庫＞全套60卷（逾70冊），第一年出版13種書（15冊），每月固定出版1種，不必出門就可在家臥遊，享受跟著文學家去探險的閱讀樂趣。

5 成為俱樂部當然會員，獨享各項優惠

一旦成爲【書房旅行家俱樂部】會員，即可優先參加俱樂部舉辦的各項座談及讀書活動，並享有購書折扣優惠。

《新世紀世界地理百科全書》

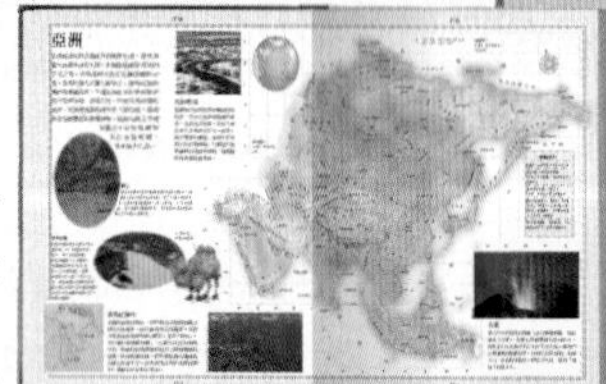

由向以圖像工具書著稱的英國DK公司出版，是最新也最具國際化的地理指引，針對全世界192個國家，4個屬地，極地、三大洋洲的地理現象與國家風貌做詳實的介紹。內容涵蓋每個國家的首都、面積人口、環境特徵、國旗、官方語言、主要宗教、政府體制、貨幣單位、全年平均溫度與下雨量、成人識字率、國民平均壽命、每千人擁有的電視機數等，迅速掌握世界各國全貌。有關全球政治體系、國際組織、世界宗教、醫療保健、教育普及度、貧富差距、世界貿易等重要主題也都有深入的報導。

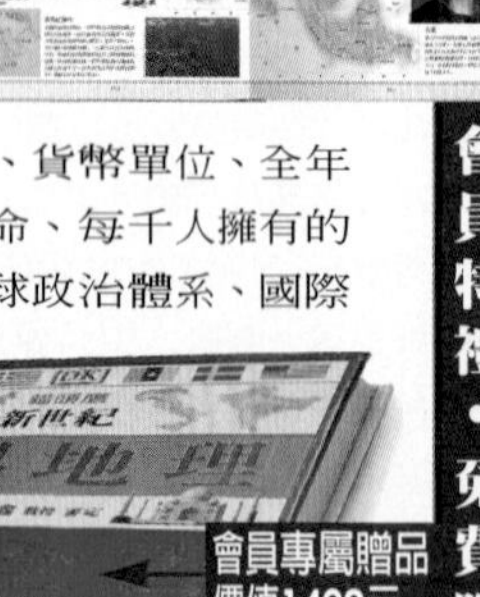

會員專屬贈品 價值1420元

會員特禮・免費贈送

- 全書厚320頁，長27.5 × 寬21.6公分
- 硬面精裝，雪銅全彩精印
- 60張立體影像地圖，900張全彩照片，500幅圖表
- 附地名辭典，名詞解釋，中英文索引，查考方便

2000年的旅

1.《我的探險生涯》

西域探險家斯文・赫定回憶錄（上

My Life as an Explorer

斯文・赫定／著　李宛蓉／譯

本書上下冊近四十萬字，是近七年來中文出版界全新譯本。斯文・赫中外的瑞典地理學家與探險家，1899沿著塔里木河進行勘察，在羅布泊附近蘭古城遺址，而名震全球。是帕米爾高亡之海」塔克拉瑪干沙漠的征服者。一率領中瑞中國西北科學考察團，在中國西進行多次考察，足跡遍及新疆、西藏、青蒙古等地，並深入雅魯藏布江與印度河的源斯山探險並繪製詳細地圖的人。

斯文・赫定在德國受教育，通七國語言險旅行，出版過五十多本書。1952年逝世，享

2.《阿拉伯沙地》

當代探險名家塞西格阿拉伯沙漠之旅

Arabian Sands

威福瑞・塞西格／著　蕭寶森／譯

1945-1950年，塞西格拉伯半島南部沙漠空白之Quarter)，歐洲人鮮少在裝成阿拉伯人，混跡於當都人中，騎駱駝在萬里荒旱不毛的大地，凌厲無情，連當地人都難以招架。塞西格突破種種困苦與危險，並與貝都人建立深厚的情誼，帶著對阿拉伯文化與貝都人的理解，寫下這部震撼人心的作品。

威福瑞・塞西格1910年生於阿迪斯阿貝巴，戰後遍遊阿拉伯南部、庫德斯坦、伊拉克沼澤、興都庫什山、喀喇崑崙山脈、摩洛哥、阿比西尼亞、肯亞等地，曾獲頒「英國皇家地理學會」的創辦人獎、「英國皇家中亞學會」的阿拉伯勞倫斯獎等。

【名家推薦】

劉其偉　知名探險家

史前的石器時代，人類為了捕獲和採擷地跑到未知的世界——叢林和海洋求的生存方式，或可稱為最早的「探險者」探險的目的，著重於自我存在主義者。有的為了尋找財富——和貿易，有的為更龐大的規畫——地理探索、殖民與研究科學烈慾望、美夢和大無畏精神的探險者，數百年來，編織了無數事。大凡旅行或探險文學，都帶有驚奇與勵志的特色。馬可孛五年時間出版一系列旅行文學，它不特是現代人必具的現代知年輕一代最佳的勵志讀物。

物・

中文世界
60個文學

過去
文化的重
服的內在
險行動，
與不朽的
＜探
的經典編
考古學者
極地探險
作家旅

智慧七柱
T.E. Lawrence SEVEN PILLARS OF WISDOM

有力氣再見到三個月才會出來的太陽。病痛會讓有些人產生希望獨處的慾望，就好像野獸一樣，本能地想爬進洞穴舔吮傷口。我以前也有過這種渴念，但那一晚與往日不同，我發現自己是何等的孤寂，這一發現即時激起莫名的渴望，希望知心好友都在身旁。想到自己細心的準備，以及在四周築下的防衛，不禁充滿了自責。城堡變成埋伏，不是黑夜或寒冷使然，一切都怪我自己笨拙，而這正是我最擔心的。

雖然神智昏沉，但我已意識到汽油引擎不是唯一的原因。引擎確實將我擊倒，但在此之前，我已隱約察覺到自己形體日衰，例如腰帶漸寬，以及月初時鬧頭疼和眼疼；肺部凍傷可能也是原因之一。也許是器官性的毛病，但我很懷疑單是這些問題何以會使我如此羸弱。我所能想到的另一個理由是：嗆人的爐子應是主嫌。一氧化碳中毒是間歇性地暴露在油煙化學物中漸進累積所形成，未必會立見影響，我越想越覺得那漏氣的爐子接頭難辭其咎。

不過，這些想法都只是矇矇矓矓的，因爲五月最後這一天，我徘徊在自責和期待、苦痛和惘然之間。我知道自己陷入這混亂狀態，必然會累及家人、探險隊……天知道還有誰會受我所累，但一時之間卻又苦無良策。我點起蠟燭，想寫點東西，可惜手頭沒紙。過了一會兒，我吹熄了蠟燭。我手上拿著那盒安眠藥，就是不太想服用，倒不是怕吃了會嘔吐，而是擔心會使我更加羸弱。因此，我放下藥盒，一面告訴自己，等到四點如果還睡不著再吃也不遲。三點過後不久，我不知不覺墜入噩夢中。

六月

一、深陷絕望

我頭暈目眩，渾身倦怠。我想到必須熄掉爐火，一則是給自己一點沒有抽煙的透氣時間，再則是不曉得我什麼時候才能恢復力氣去加油。一關掉油閥，驟然眼前一片黑，接著我所知道的是自己已倒在地上了……

六月一日星期五，對我而言是個黑色星期五。噩夢已去，到了九點鐘左右，我從睡夢中驚醒，彷彿在睡夢中被人丟到井底似的。我驚惶地注視著滿屋的黑暗，一時間不知身在何處。再鑽進睡袋時全身依舊虛弱，我試圖扭開手錶上的閃光裝置，它是有力的提醒：我是美國海軍退役軍官李察．柏德，在南緯八〇度八分之地暫作逗留，對別人或是自己都是微不足道的人物。我口乾舌燥，就是沒有力氣移動。我一面緊抓著睡袋，它是我僅有的安慰和溫暖的來源，一面鬱鬱地沉吟該怎麼辦。

有二件事顯而易見：一是我復原的機會極爲渺茫，一是我身體羸弱已沒有能力照顧自己；這是很悽慘的結論，但我已無心多想。我唯一合理的希望是，節省所餘的資源，盡量多撐幾天，然後很緩慢、很小心地從事必要的工作。只要能做到這樣，並保持正常心態，即使是病懨懨的人也能撐上一段時間。總之，我只能作此結論，捨此別無他法。我不得不把存活的希望押在這種理論上。

我喃喃告訴自己，應該要有信心——對結果要有信心。這就像一次飛向另一個未知的航行，一旦開始就不能回頭；你必須相信儀器、相信自己在飛航圖上所規畫的路線、相信造化的合理性，勇往直前。若是出岔子，大部分是自己造成的，若是演變成悲劇，那也是人性脆弱的共同悲劇。

首先我需要的是溫暖和食物。爐火約在十二個小時之前就已熄滅；我已有三十六個小時滴食未進，爲提供飲食所需，我開始動員微薄的資源。這時，如果有攝影機拍下我的動作，出現的一定是慢動作畫面。因爲我的每一個動作都是以極大的耐心去做。我提起燈，等了一下，緩緩鑽出睡袋，倚著爐子旁的椅子稍事休息，然後一下提一點，慢慢穿上長褲，接著是襯衫、襪子和靴子，最後再套上大衣。折騰了好長一段時間。我冷得打顫，手肘碰到牆壁時砰地一響，好像在敲門似的。待在外頭太悽慘了，我趕忙又鑽回睡袋；可是過了半個小時，刺骨寒意使得我再次嘗試往爐子方向移動。

雙腳一碰到地板，頓覺一陣暈眩襲來。我顫危危地走到椅子旁坐下，動也不動，只是直愣愣地望著蠟燭足足好幾分鐘。然後，我轉向爐子，掀開蓋子，等結凍的汽油滲入燃嘴。此時口渴難當。水桶裡結了幾吋厚的冰，我把桶子推倒，一塊晶瑩的冰塊掉在地上，我湊近吸吮，直吸得我牙齒嘎嘎打顫。桌子上有盒火柴，我劃了根火柴湊近燃燒器，環狀金屬燃口冒出紅燄，看在眼裡覺得十分美麗。我坐在那兒，沉緬在溫暖的光柱中，起碼有十到十五分鐘。本來應該是清亮藍燄，結果卻是紅燄帶煙，我端詳片刻，知道這是不完全燃燒所致，也是我落得今日這般境況的根由。這爐火是我的大敵，但少了它我又活不成。

綿綿無盡的一天於焉開始，要完全把它說個清楚未免無趣；這一天其實沒什麼大事，卻是我這一生中最重大的一天。一日如千年，年年苦惱萬分。我失多得少，到了一天結束時——如果可以說眞有結束的話——我只有一個感想就是：我還活著。揆情度勢，我沒有權利奢望。人生本來就難得很優雅或很合理的結束。當人的軀體不甘不願逐漸死亡時，就像是一艘即將沉沒的船，輪舵室的牆頭上釘著「適合航海」的保證書；心卻像是站在艦橋上的水手，到了此刻終於認清船體畢竟是脆弱的，不免有啼笑皆非的感慨。時日一久，事態的本質便昭然若揭，就像我的情況一樣，只不過到了這個地步，它已化成隨時可以拋棄的吉光片羽，連知識也無用武之地了。

渴，是苦痛叢林中那一棵最高的樹。我提著桶子和防風燈，往恍如在百哩外的逃生坑道踽踽走去，途中摔了一跤，索興舔雪止渴，直舔得我舌頭發麻。逃生坑道距離太遠，倒是在食物坑道留下十八吋寬、四吋深的靴痕內盡是鬆動的雪塊，雖然很髒，但我還是沿路撿拾碎冰，直到水桶半滿，才走一步休息一下地拖回屋內。

水桶裡的雪塊要許久才會融化，我已經等不及了，於是倒了一點在平底鍋上，用固態酒精片加熱，沒等雪塊完全融化時就湊近唇邊。我雙手顫抖，水灑在大衣前襟上；陡然，嘔意上湧，剛喝進的水一古腦地全吐出來。過了一會兒再小口小口啜飲，以免又吐出來。接著，我爬到睡袋上，拉起厚毯子蓋著肩膀，希望能多少恢復點氣力。

儘管如此，我還是從臥鋪上悄悄出擊，小心翼翼地做點小事，譬如照料室內溫度記錄器和自記氣象儀，換換記錄紙、上發條、加油墨等。通風管出氣口有三分之二被冰堵塞，我用根棍子釘上大鐵釘，從屋內就可以搆到出口。每次勞動後，雙臂、背部和腦袋便令我痛不欲生，必須休息一陣子。我把溫水裝進保溫壺，再加進糖和奶粉，帶到睡袋裡。嘔吐感仍然揮之不去，我一匙匙地慢慢喝，總算灌下大約一杯。過了一會兒，我覺得虛弱感慢慢消失，已有氣力可以去照料室外的儀器百葉箱。我推開頂門，但無法再進一步。夜霧灰濛濛的，跟我的心情一樣黯淡。我一下屋，頓覺嘔意上湧，結果剛才喝下的牛奶吐個精光，趁著尚未昏厥前，我摸索著回臥舖。

面對死亡

漫漫午後，種種陰鬱的想法齊赴心頭，實不欲回想。不過，老實說，我絕沒有聽天由命的念頭。午後漸逝，我忽有沉淪之感。我駭然心驚；我在空中數次面對死亡，這可不是第一次，但此時的感受卻截然不同。飛行時，事態發展十分快速：你一作了決定，對錯立時分曉；死亡這無形而遭冷落的乘客潛入駕駛艙，但「他」畢竟只是無數令人分神的思慮之一，如今，死亡這位陌生的不速之客就端坐在闇黑的屋內，很篤定地確信只要我一走，「他」就可以鵲巢鳩占。

前所未見的恐懼如巨浪襲來，在我內心深處落腳。這股恐懼不是擔心受折騰，也不是擔心死亡，而是憂慮萬一我回不去，對家人可能造成的傷害。我告訴自己，來到「前進基地」

是愚不可及的行爲。另外，在那怨艾的幾個小時裡，前塵往事歷歷在目。我發覺自己的價值觀錯得離譜，何以看不透最簡單、樸實、無矯飾的事物，才是人生中最重要的。

我應該但不能自以爲是爲科學殉身，也不能歸咎形勢逼人，以致無法依原定計畫在「前進基地」配置三個人。我來這裡是爲了尋求祥和與了悟，以爲它多少可以豐富我的生活，讓我變成更有用的人。此外，我也是背負科學任務的理由前來。如今我看清了兩者的眞相：一是妄想，二是死胡同。我的思慮變得憂愁煩惱，除了家人和朋友外，對整個世界都心懷怨懟。時鐘滴答滴答，腳邊的自記氣象儀呼呼之聲揚起，這些從容不迫的聲音隱含著自信，正好凸顯出我的拙劣。它們憑什麼如此自信，如此從容不迫？若沒有我，它們可撐不了一天。

我僅餘的一個宏願，仍有待蒐藏在逃生坑道架子上那一小堆資料來評斷，但即使我掌握這些資料仍是微不足道，就像人生中大部分事物都急於等人來評斷一樣，終究只是浪漫化的理性。我們這些以實際行動服膺科學的人，所服膺的充其量不過是鏡中影、水中月；任務艱鉅，目標遙不可及；而學者只是安坐書香滿室的環境中，告訴我們該往何處去、該找尋什麼，甚至我們可能會找到什麼。同樣地，我們帶回的資料，也是由他們來客觀判斷。我們不過是在理論和事實之間冒險的中間人，只是在造化眞理實相裡打零工的物質主義者而已。

我非常清楚自己費盡千辛萬苦才取得了這些資料，但對於逃生坑道內那些紀錄的學術價值，以及它們跟在巧庫（Keokuk）所蒐集的資料的差異，我又到底知道多少？不！我眞的不知道。我只是個沉迷在傻事中的大傻瓜，而這想必也是外界對我的評斷了。

到頭來，不管一個人是什麼身分，眞正重要的事終究只有兩樣，就是：天倫之情與家人的諒解，除此之外，他的所作所爲都是脆弱不實的，就好像船隻遇到風浪一般，難免受個人成見所左右。家是恒久的歸宿，是寧靜的避風港，也是人生之船繫泊的榮耀與情義之地。

一線生機的哲思

屋內寒意漸褪，爐子釋放的熱氣積存在天花板下，臥舖彷彿裹著熱毯似的。就我事後記憶所及，六點過後不久，我喝光了保溫壺裡的牛奶。我的身體需要補充更營養的東西，只可惜我沒力氣去煮一餐。我吃了一塊愛斯基摩餅乾和一片巧克力，但覺體內五臟翻滾，於是只好起身再把熱水和奶粉加進保溫壺裡；單是這樣就已夠折騰人了，因爲我必須攀著桌子免得昏倒。往後幾個小時是一片空白，等到後來有力氣起身寫筆記時，卻完全記不得到底發生過什麼事。或許是睡著了。我再次看手錶時，已是九點三十分。我頭暈目眩，渾身倦怠。我想到必須熄掉爐火，一則是給自己一點沒有油煙的透氣時間，再則是不曉得我什麼時候才能恢復力氣去加油。一關掉油閥，驟然眼前一片黑，接著我所知道的是自己已倒在地上了。我攀著爐子站起來，竟覺餘溫猶存，顯然我昏迷的時間並不久。

我頹然坐在椅子上，心想自己肯定死期將屆。到此刻為止，我一直是靠著一個信念支持：唯有自我昇華和求生才能消弭錯誤，補償家人於萬一。但我失敗了。我趴在桌上，低下頭，手中一杯水灑落滿地。怨懟之情頓時消失，唯一怨恨的是我自己。我趴著啜泣了好一會兒。「可恨，可恨至極！」自負之心也同時消失殆盡。身為維吉尼亞人，我自小所受的教養是，紳士必須喜怒不形於色，但此刻的眞情流露我並不覺得難堪。恐懼也不見了。希望消失，不安也隨著消失，而人對確定不疑的事往往心無疑懼。

我唯一清明的決定是，寫封信給內人。除了一些私事外，我希望她能諒解，為什麼我不把自己的困境告知「小美洲」（其實它是毋庸解釋的），以及我前來「前進基地」的理由。旁邊架子上就有紙筆，我伸手要去拿，卻發現胳臂動不了，原來袖子被剛才灑落的水凍著了。想留下字句的衝動激發出相當強的力量，我用力扯動衣袖，寫了幾行之後心情逐漸平靜，但還是沒有力氣坐起來。火已滅，小屋內冷得令人難受。

臥鋪好像遠遠隔著一個大陸那麼遠，必須跋涉無垠的平原才能抵達；好不容易安然鑽進睡袋後，我靜躺幾分鐘，邊哆嗦邊噓氣。寫完信後，我突然想到史考特日記的最後一段：「願主眷顧我們的弟兄。」我雖時時玩味這簡單的一句話，但僅止於知性層面，那一晚才眞正了解史考特話中涵意。說來可憐，人居然要在經歷劇變後，才能體會這至為簡單的道理。

防風燈一陣搖曳後漸次轉弱，我設法點燃臥鋪上方檯子上的兩根蠟燭。第二根蠟燭一亮，防風燈剛好熄滅。過一會兒，我寫了一封信給家母、一封給孩子；幾句簡短的指示，將有關探險隊的事務對波爾特和莫菲作個交代；最後一封是給「小美洲」全體成員。架子上擺著一只綠色鐵盒，是我多年來收藏私人信件用的。我把給家人的信件收入盒內。接下來，大概又陷入昏迷狀態，記憶不是很清楚。一陣冰寒襲來，然後我似乎記得自己硬撐起身子，坐了起來，再寫一封信交代莫菲怎麼處理這些信件，然後連同其他幾封用繩子綁好，掛在平日吊防風燈的釘子上。

我心中湧起滿懷的感激之情。兩根紅燭，一根杵在舊瓷檯上，另一根插在燭檯上，依舊燃燒著。我望著燭光悠悠思忖道，燭光熄滅後，恐怕再也看不到這麼柔和的東西了。過了一會兒，我把燭芯捻熄。不多時，驀地心中一動，一段往事掠過心頭。我好像看見自己在為海軍官校中量級錦標賽拚鬥。我渾身痠疼，已經放棄得勝的希望，唯一僅存的決心是不要讓觀眾席上的母親丟臉而已。這景象歷歷如繪，之所以會如此清晰，是因爲當下的情況幾乎完全相同，只不過關係更大而勝算更小罷了。當時使我繼續奮戰的決心再次浮現心頭，儘管已徹底失敗，但仍有一線生機。總之，我必須再作嘗試。

六月二日凌晨三點左右，我又有一段清明時刻，怎麼也無法強迫自己睡覺。安眠藥就在架子上，我用手電筒照了一下，只見二十幾顆白色藥丸，圓滾滾地，像在提出美麗的保證。我伸出手要拿去，驀地又停下。靠藥物不是長久之計，否則我定會發瘋，變成怕黑又怕疼。

我找到火柴，點起蠟燭。臥鋪上還有張沒用的紙，我在日記上寫道：

宇宙不死，「智慧」無時無地不存在，這些「智慧」各有目的，其中一個主要目的便是，要達到宇宙的和諧。

因此，依正道尋求乃至臻於安詳（和諧），便是與這「智慧」契合的結果。達到契合最為理想。所以，人類在宇宙中並不孤單，就像我雖然離群索居，但並不孤單。

人之初始即已感知到這種「智慧」，相信這「智慧」是所有宗教共通的一點。它有無數的名相，很多人稱它為「上帝」。

這是我在安詳的四月間所悟得的哲思眞諦。我捻熄蠟燭，鑽進睡袋，心中一再重複這段精義，不一會兒便沉沉睡去。沉睡中又有噩夢來干擾，我在噩夢中掙扎著想醒過來，極力控制自己身體的機能。這無止盡的掙扎，是在一處半昏半明的分界地帶進行，中間有一道白牆隔開。好幾次差點就翻越那道白牆，進入金光普照的原野，但每次都滑進漩渦似的暗黑中。「本能」扯著我的衣袖：該醒了，該醒醒了。我急擰脅側，猛拉頭髮，不久緊張緩和，我終於翻過牆去，然而，所到之處沒有溫暖的陽光普照，而是一片黑暗，我冷得發抖，口渴得要命。

與「中美洲」恢復連繫

六月二日是星期六，仍延續著前一天的陰鬱。我不僅是身體仍虛弱不堪，同時又有技窮智竭的無力感。風速計整天嘎嘎響，從通風口飄進來的冰磧猶如薄霧，從煙囪管落下的則有如白丸，叮咚有聲。我從自記氣象儀得知，風向東北，風速每小時約二十哩，不禁暗自祈禱，希望風向不要改變，因爲這表示溫暖天氣可以持續。雖然夜裡溫度降到零下十九度，白天倒是有時在零度以上。只要寒冷稍褪，我就可以長時間不必生起爐火，讓身體能夠擺脫油煙的影響。白天下床的時間總共不過二、三個小時。

我同樣以極緩慢的方式做每天例行的事，多少保留微弱得可憐的力氣；用爬不用走，每做完一件小事就休息較長的一段時間。到了中午時分，我已去了幾次坑道，一次去取雪，三次去提燃油。由於爐子油槽太重提不動，我是用一加侖裝的錫壺分批提油。雪融後，我在保溫壺內加了點奶粉。我好不容易喝了一杯茶，但我的胃還是留不住固體食物。

我依稀記得自己爬上梯子觀察天色。這時應是月亮出現的時候，但我卻記不起月亮是否露了臉；我只記得天色黑沉沉，冰磧拂面生疼。傍晚時分，屋內轉爲暖和，我立刻關掉爐子。溫度記錄器顯示，白天最低溫是零下二十二度，的確是相當「溫暖」。但我灑在地上的水已經結冰，牆壁也結了一層薄冰，餿水桶內更是凍成一大塊髒兮兮的冰塊。

我估計，那天晚上我睡了七、八個鐘頭。星期日早上，又為了起床折騰了一番。到了星期日，表示必須跟「小美洲」連絡了，以及謊報自己的處境（雖然每根疼痛不堪的神經都在懇求我不要隱瞞）。天知道我是哪兒來的力氣，把三十五磅重的引擎推進屋，再拖回坑道中，這段距離來回有四十呎遠。幸好油槽內的汽油還半滿。我所做的最後一件事是，用一根帶有鉤釘的長棍把排氣管表面上的冰霜剉掉。通氣管幾乎已堵死，難怪上次無線電連絡時坑道中滿布油煙。

在「小美洲」的無線電通話紀錄上，我報到的時間晚了大約二十分鐘。戴爾「KFZ呼叫KFY」的聲音依舊是那麼明快而單調，但聽在我耳中卻不啻是奇蹟。

我只用一根手指敲電鍵。我知道，密碼絕不會讓我露出馬腳。前幾天，莫菲要我提供某些特定的氣象資料，這時，我把在桌上擺了將近一星期的資料發出去。幾位營地軍官接著報告研議中的春季活動。這時頭暈目眩的毛病又發作，我無法完全了解他們說些什麼，因此我只是簡單地回答可或不可，或是「我會再考慮」。最後，在我神智昏亂中傳來戴爾「謝謝你，長官，星期四再見。」我筋疲力竭地關掉引擎。

事後常有人問我，為什麼不把當時的情形告訴「小美洲」，我的回答是：讓他們來找我太危險了。這個想法十分強烈，因此我自己也視為理當如此。但我畢竟不是機器人，當戴爾依照慣例劈頭就說「希望你那兒一切順利」時，「沒問題」三字實在很難從我口中說出。不過，要我說別的話更難。黑暗、寒冷、羅斯冰盾荒漠和冰罅等等危機，是不可改變的事實，「前進基地」歸我負責，「小美洲」的弟兄雖是樂於相助，但要我讓他們爲我受苦是很難的事。

那天下午，我瀕臨喪失神智的邊緣，可能是準備無線電連絡的勞累引起全身躁動所致。我知道自己苦痛不堪，而且自己將不久人世的念頭始終揮之不去。傍晚時分，我從迷亂中醒過來，只覺饑渴難耐。我配著牛奶，勉強吃了六片鹹酥餅；這也是從星期四早上以來，第一次進食固體食物。當晚，雖然時時有難以言喻的噩夢侵擾，但我的睡眠時間已拉長不少。星期一，我很少離開睡袋。這次睡眠對我大有好處，此外，下午大部分時間都關掉爐子可能也有關係。夜裡，我起身喝點牛奶，吃點鹹酥餅、杏仁和用溫水泡過的乾燥蘋果。這是很奇怪的組合餐，是什麼道理我自己也說不上來，只是隱約覺得屋內所有可吃的東西，只有這些我的胃才消受得了。

我的耐力還是不行。眼、頭和背部疼痛時時發作，而且我一直覺得寒意逼人。晚上還是一樣，經過好一番折騰後才入睡，倒是次晨起床輕鬆多了，這也使得我精神一振。我的確是覺得輕鬆多了，我甚至使盡力氣把餿水提到食物坑道倒掉；到了午後，我已有足夠力氣去轉動留聲機。我先放「波希米亞女郎」（Bohemian Girls）的〈吉普賽生活〉（In the Gypsy's Life），再放海德堡的飲酒歌和〈讚美詩〉（Adeste Fidelis）。屋內每一個角落都洋溢著音樂，教人聽了心生莊嚴。在我心中似乎有個聲音說道：你已大有起色，你眞的還有機會；也許只有百分之一，但還是一個機會。

信念戰勝了抑鬱

稍後，我躺在睡袋裡仔細分析情況。這時，我已經撐了五天，好漫長的五天！我迷失在苦痛的大平原上，所有的通路都已堵死；我折騰掙扎，在希望和放棄希望之間徘徊。然而，人畢竟不會輕易放棄；動物的本能自然會使他在心中的光明消失良久後再站起來。我在沉吟中不免自問：你還有什麼能耐？有什麼是你可做而未做的？

首先，有兩件事是確定的：一是羅斯冰盾是阻絕之牆，外援難至；另一件是改善屋內的通風情況機會不大。我身子太弱了，縱使手邊有材料可以大興工事，也無能爲力。天氣轉暖倒是意外的助力，使得我白天時可以長時間不必生起爐子，而少了油煙倒讓我的身體得以休養生息。不過，這純屬僥倖。最寒冷的日子還沒到，而且隨時可能到來。

這些都是事實。若是人能凌駕命運之上，我應該也可以凌駕這些困境之上。人人都有蘊藏力量的深井未曾動用，一生中眞正智窮的時候並不多見。問題是，我能不能找到汲取這些深藏不露的自然潛力的方法？唔，縱然找到也沒有太大意義。很顯然地，我的資源所剩不多，必須另尋補充來源。在這種境況下，一個進退維谷的人，在面臨智技權巧都無用武之地時，自然會跟我一樣轉向上帝求助。

我對信仰的看法見諸星期五大絕望之後所寫的字裡行間，但那只是我平日服膺的信念，並沒有新意。所不同的是，在安詳的四月和五月間，我舊有的信仰加上新的信念有了具體呈現，而現在正是測試的時候了。

不過，我畢竟是一個務實的人，自然了解單純的信念和有效的落實之間有著極大的差異。渴求和諧、安詳，或不管你用什麼字眼來形容這與人生井然有序進程的契合感，都是邁入正確方向的一步，但只這一步還不夠。我必須去爭取，而且所爭取的必須合乎邏輯，必須遵循自然的律法。我沒想過要寫一篇祈禱文。我在行動中就已表達了祈禱的熱望，再說，單是積極求生的渴望就已是祈禱了。

衡量情勢之餘，我下了個決定：爲了求生，必須繼續養精蓄銳，盡可能以最簡單、最不費力的方式做該做的事。我得好好睡覺和吃點東西，以便恢復氣力；爲免再受油煙之害，爐子只偶爾使用，油壓燈則完全不用。不用油壓燈，表示放棄它的亮光，擁有光亮雖是我少的可憐的一項奢侈，但暫時不享受奢侈我還撐得住；至於爐子，則是凍死或中毒而死之間的抉擇，我選的是受凍，因爲我知道睡袋可以提供一個避難所。我暗自決定，從現在起要嚴格規定，每天下午保持二、三個小時不生火。

這是很實際的法子，但只依賴這個做法，等於每小時都在彰顯自己是何等的沒用，我恐怕會發瘋。因此，忍受這些苦難的意志和慾望也是不可或缺的，而且它們必須發自內心深處。然而，要怎麼辦呢？首先是控制思慮，自怨自艾的念頭一生便予以連根拔除，並一心繫念在可以帶來安詳的意念上。心思不諧，迷亂絕望，跟寒冷一樣會徹底擊倒我。要達到這種修養當然不容易，即使在靜謐安寧的四月和五月，我也未必能完全做到。

那天晚上，我盡可能地把上述結論付諸實行。所以我雖然反胃，還是勉強喝下一大碗清湯，外加一點蔬菜和牛奶，然後熄火上床，倚著睡袋玩坎菲爾德紙牌。可是，連紙牌都跟我過不去，使我大爲憤怒。我拿起班·艾姆斯·威廉斯（Ben Ames Williams）的《兄弟英豪》（*All the Brothers Were Valiant*），但只看了一、二頁就覺得文字變得模糊不清，眼睛又開始痛起來——實際上，眼睛痛的毛病始終沒好過。我心中暗罵，打牌手氣不順，眼睛狀況不良，十足顯示我楣運當頭。其實，是防風燈昏黃的燈光逐漸耗弱我的神經。儘管下午信誓旦旦，但如果不是我沒有力氣發動，我早就點起油壓燈了。只有在經歷過這種境況之後，才能體會到光明是何等的寶貴。

不知什麼因素使然，我取下掛在架子邊的刮鬍鏡。鏡中凝視著我的是一張蒼老頹弱的臉孔：雙頰深陷，加上因凍傷而凹凸不平，兩眼布滿血絲，好像長期縱情酒色一般。此刻，我心中一沉。唉！掙扎何用？就算我能活下來，終究已形銷骨立，永遠是家人的一大負擔。太可怕了。那天下午一廂情願的想法頓時化爲深沉的絕望。

人心的黑暗面好像天線般會自動旋轉，再從四面八方捕捉陰鬱的想法。我的情況就是如此。這是不祥之夜，好像世上所有的惡念全都像針對生死大敵般集中在我身上。我陷入連自己都不太相信的深沉絕望中，若要一一細訴，未免流於枯燥乏味，總之，淒涼之情縈繞不去。值得一提的是，我的信念終於發揮了作用；藉由凝神專志，以及重申觀察所得的宇宙眞理，我終於得以再次將這些似乎難以復得的、撫慰人心的理念盈滿心田。我讓家人和朋友環繞在自己四周，把自己投射在陽光下和成長的綠色植物中。我思考著回家後要做的事；這些事情不計其數，平日淡然處之，現在卻顯得出奇地迷人，分外重要。儘管如此，我還是不時陷入沮喪之中。凝神專志不容易，唯有以絕大毅力才能讓自己擺脫沮喪。不過，最後我總算拋開不和諧的念頭，當我吹熄蠟燭和防風燈時，我已浸淫在想像的世界裡——由彼此相互關懷、隨和而親切的人所構成的樸實無華的世界。

痛楚未消減，我折騰了好幾個鐘頭才睡著，不過，這一晚卻是自五月三十一日以來，睡得最舒坦的一夜，隔日醒來只覺身心無比的舒暢。

抑鬱之念漸消後，我也可以多做點事。六日星期三，我順利爬到上頭做八點鐘的氣象觀察。天氣雖然清朗，但冰磧依舊使得地平線上呈現一片迷離，吹在臉上依舊疼痛。我每走一步就跪落柔軟的雪地上。身處侷促的小屋太久，能擁抱廣袤的羅斯冰盾實在愉快至極。我用手電筒照向風向計，只見吹的是東南風。這表示寒冷將至，我嘟噥說道。到處都結滿了白霜。百葉箱四面的通氣柵卡了厚厚的冰磧，可惜我沒有餘力清理。我查看一下溫度計，重設記錄筆，便滿意地退下屋去。

後來，我爬到燃料坑道的最遠端，拿了一小片石棉，切成適度大小蓋在爐子上頭。我的想法是，石棉可以在燃燒器嘴口還冒煙時過濾早先的油煙。我把石棉切成剛好套住煙囪管和包住爐子四周的尺寸。

下午，我聽了一下「小美洲」每週對美國發送的例行廣播（「小美洲」時間午後二點是美東標準時間午後九點）。理由之一是，測試一下電池動力的緊急無線電裝備，以防萬一，但更重要的理由是，我想聽聽熟悉的聲音。我錯過了一大半，倒是聽到「小美洲」那三頭母牛惹出的騷動；一頭老是站著，不肯躺下，另一頭是習慣每晚躺著，不肯站起來；第三頭則是拿不定該躺還是該站，只是骨碌碌地看著不時到牛欄打轉的木匠考克斯。聽到男中音施洛斯巴哈（"Ike" Schlossbach）那首〈愛人是妙人兒〉（Love, You Funny Thing），我不禁吃吃地笑起來。看來，在南極洲人人都有各自的問題。

六月

二、與極地搏鬥

我陷入昏迷中，又有可怕的夢魘干擾。……我覺得自己好像被人下了毒似的，但我一再告訴自己，一旦伏首稱臣，一旦讓昏迷所制服，很可能就此永遠醒不過來。

六月七日星期四，跟「小美洲」用無線電連絡時，證實了我心中篤定的想法：有起色的是心理而不是身體狀況。雖然體力已經逐漸恢復，但光是取油料、熱引擎、把引擎弄進屋等準備工作，起碼就花了三個小時。我行動遲緩，跟個老頭子沒有兩樣，一度靠在坑道壁上累得推不動引擎。我喃喃對自己說道：你是神經病，不待在臥舖上雕紙娃娃，何苦理睬這可惡的車西。

天氣更寒冷了。溫度記錄器顯示，最低溫是零下四十八度。所有的跡象都顯示，「熱浪」已結束。牆上結了一層薄冰，已經爬到半面牆高，我的抗寒能力消失無蹤，全身大冒雞皮疙瘩，手指所碰觸之物無不發出叮咚之聲。陷入造化掌握之中，全然無處可逃，教人心灰意冷。我走走停停往爐子過去。暖意只是表面，我渾身血冷若冰。

我雖然竭盡所能，連絡時間還是晚了。戴爾常在呼叫得厭煩時播放唱片，我聽了一會兒，終於聽出是〈唐豪瑟〉（Tannhauser，華格納的音樂劇——譯注）中的〈朝聖者之歌〉（The Pilgrim's Song）；我按捺住激動等到唱片播完。我一插話進去，莫菲便責備道：「睡過頭啦，迪克？」

「不，是忙過頭了。」

莫菲話不多，倒是席波接著讀了一段報紙。就我記憶所及，是關於太平洋一段人跡未至的海岸地形推論，也是我今年春天要飛往探勘的地方。誠如席波所說，的確很有意思。儘管我恨不得趕快結束對話，但仍不禁暗道這眞是絕妙的諷刺：我坐在這兒，緊攀著桌緣支撐身子，耳中所聽卻是我未曾見過，也可能永遠見不到的海岸地形理論。

如果我記得沒錯的話，我回答：「很有意思。請交給科學小組。」戴爾插進來問道，關機前是否還有什麼要交代的。我問他，是否可以把連絡時間從早上改到下午。他答道：「請等一下。」我聽到那頭正在討論，只是聽不清楚他們在說什麼。戴爾說道，他們很願意更改時間，但如此一來，經長時間測試才固定下來的「小美洲」作息也得跟著變更。「那就算了。」我說。這話題暫時就此打住，以免引起他們的疑心。連絡後我爬上床休息，一整天動也不動。痛楚一恢復，怨懟和沮喪也油然而生。

何必費事？它們嘲諷道。何不聽天由命？這是最簡單的方法。你的人生觀說要融入宇宙進程裡，唔，現在的進程就是往不斷崩解的方向發展，是永恒的祥和，何必抗拒？

從那天開始，我對跟「小美洲」無線電連絡避之唯恐不及。發動引擎準備，加上無所不在的油煙，把我好不容易積存的氣力和抵抗力消耗殆盡，最好是乾脆不要連絡。我想盡各種停止連絡的藉口，打算在下次連絡時提出來，但好像每個理由都說不通。我如果說對話很無趣，或說發報機快故障了，終究避免不了教人猜疑「前進基地」的計畫是否泡湯了。再說，有關探險隊的諸多事宜，還必須跟波爾特討論；另外，雖然我在啓程前已明令「小美洲」的軍官，又在拖車隊出發前往「前進基地」時再度三申五令，但總覺得若是我緘默不語的話，將會促使他們貿然採取行動。

因此，我陷入惡性循環的想法中。若要繼續無線電連絡，筋疲力竭加上油煙的戕害，幾乎可以肯定我會完蛋；若不連絡造成他們前來搭救，那我還不如死了好。我是這麼看待目前的情勢，我相信，探險隊的每一位成員若處在我的情況下，一定也會抱持同樣看法。只要是正常人都會跟我一樣，毅然決然阻止他們展開可能產生不測的救援行動。

我害怕連絡的第二個原因是，唯恐一不小心會洩露我所極力隱瞞的實情。我知道，莫菲一直以他揶揄、敏銳的方式觀察我的一舉一動，因此我有時會拍點有趣的電文分散他的注意力（我必須承認，這些電文事後看來大多很無聊）。不過，一旦動作流程很明顯，你也就視爲理所當然，不會刻意去反其道而行，即便是意識薄弱得無法依循流程時，仍然會順著慣性而行。諷刺的是，由於形移勢轉使然，原本是我最大安全保障的無線電，卻成了我最大的敵人。

星期四那一晚，我才眞正了解到自己的處境惡劣到什麼地步。我在日記中寫道：「……早上的這些作息眞要命，不但害得我沒有力氣撐過白天，連晚上要小睡片刻也極爲困難。我的四肢、肩膀和肺部疼得厲害……我只能勉強支撐。若能看得下書的話，漫漫時間也許可以縮短一半，黑暗的壓迫感也會減少一半，而我這小小的不幸也不致如此駭人……」

房間對面，在防風燈照不到的黑暗角落裡有一排排的書，而且其中不乏名著，盡是深沉多智人士的經典作品。但眼睛疼痛，硬是讓我讀不下去。留聲機也在，可是我必須把鉸動的氣力保留下來維持性命。屋內大大小小的事，在在訴說著我的虛弱：防風燈燈火搖曳冒煙；桌上罐頭食品結凍；地上一塊塊冰漬，顏色較濃的是灑落的煤油，黃色是我嘔吐的地方；爐子旁的椅子翻倒了，我也懶得去扶正；約翰．馬昆德（John Marquand）的《新伯瑞港的提摩太．德思特先生》（*Lord Timothy Dexter of Newburyport*）就攤在桌上。

想辦法解決油煙問題

六月八日

我一天又一天設法訂下生活的方式，並謹守著設定好的程序，以便讓自己有最佳的生存機會。儘管一想到食物就作嘔，我還是強迫自己一小口一小口地吃；單是嚥下一口就得花上二、三分鐘。我吃的大部分是脫水蔬菜，例如乾利馬豆、米、大頭菜、玉米和馬鈴薯罐頭，有時加點冷麥片泡奶粉。要是自覺行有餘力，我會煮點鮮海狗肉。

我對自己生命的不確定性，來自每晚吹熄蠟燭時，想著自己隔天可能就沒有力氣爬起來，因而我趁體力較佳的狀況下，加滿爐子的油槽。現在我只用油煙傷害比汽油小的煤油，也不再像早先一樣拎著油桶到燃料坑道。唯一的容器是一加侖裝，因此必須走四趟坑道才能加滿油槽，以及供應點燃防風燈所需的燃油。我爬一段，休息一下，今天早上單是加油就花了一個多鐘頭，雙手凍得厲害。我在臥鋪伸手可及的架子上一點點地增加食物，這是我的緊急存糧。每回爬上床之前，我會先確認防風燈是否加滿了油。有了這番未雨綢繆，要是哪天我下不了床，手邊的食物和光明應該可以讓我撐上一陣子。

最令我喪氣的是，我的體力已蕩然無存，爬梯子到上頭時，每上一級就得休息一下。今天的溫度只有零下四十度，我雖然穿了皮衣，寒意依然沁入骨髓。風從東南方不斷地吹來，屋內留不住絲毫暖意。夜裡渾身不停地抽痛。我最需要的是睡眠，偏偏難以成眠。我陷入昏迷中，又有可怕的夢魘干擾；早上要強迫自己鑽出睡袋是極艱鉅的任務。我覺得自己好像被人下了毒似的，但我一再告訴自己，一旦伏首稱臣，一旦讓昏迷所制伏，很可能就此永遠醒不過來。

我已經可以慢慢站起身來，對自己也逐漸恢復若干程度的掌控能力，只不過進步是漸進的，而且常有許多干擾，要長時間才看得出些許端倪；改善最明顯的是，控制沮喪情緒的能力。我有心恢復極光觀察作業，但老實說，身子還是太虛，在上頭待不了幾分鐘；因此，我的作法是，用根棍子撐著頂門，攀著梯子從下頭往外瞧。星期日，陰霾而溫暖；自記氣象儀顯示，北風習習，吹過東方，轉入東南方，氣溫則上升到零上四度。我很高興溫度轉暖和。午後大部分時間不生火，而由於油煙減少，連帶對減輕無線電連絡之後的倦怠感也大有助益。

眼睛和頭的疼痛漸漸緩和，最難忍受的就是滿屋子的幽暗。我以前是期待光明，到了六月則是渴盼光明。防風燈和蠟燭充其量只是洞窟裡的一潭黃坑。我不敢點油壓燈，一則是要用小活塞打氣，我不願浪費太多精力；再則是燃嘴先得用固態酒精片加熱，剛開始燃燒時會冒出濃濃的油煙。要說小心，可能沒有人比得上我。在跟「小美洲」連絡時，我請他們叫波爾特向華盛頓的「標準局」請教：一、燈芯式防風燈的油煙是否比油壓燈少；二、煤油或液化汽油的濕氣（煙囪管內的結霜融解的結果），是否易於產生一氧化碳。我是以漫不經心的態度提出這兩個問題，偶爾跟戴爾輪班的另一位無線電機師蓋伊．哈奇森說，他會轉告波爾特，我可能在下一次連絡時——也就是星期四——可能就可以收到華盛頓方面的答覆。我在這一階段的生活，可以用今天的日記作個總結：

六月十日

……在我難得「起來」的時候，我會敦促自己到燃料坑道較遠端的油桶提油。末端的坑頂有點凹陷，但我沒有力氣去撐起來。這會兒，我連多出來的幾步路都舉步維艱，有時，甚至連最近的油桶都走不到。

我可以說，個人的自負已蕩然無存，然而，今天我一看到坑道內那一小堆資料，卻油然生起自豪之感。不過，我倒是希望那些觀測儀器別老要人照顧，雖然它們所求的其實只是我的舉手之勞。它們幾近無情的堅決且忠誠，在極地靜默的寒冷和黑暗中，堅毅地執行分派給它們的任務，日夜滴答響，並要求我無法獨自提供的支援，有時在我渾身疼痛、手指不聽使喚之際，它們仍是無動於衷。它們似乎一再地宣告：「要是我們停工，你也得停工；要是你停工，我們就停工。」

六月十一日

我設法以手術用的膠布蓋住煙囪管以減輕煙油。現在，爐子幾乎是整天使用，爲了確保空氣流通，面對坑道的門大部分敞開著，屋內也因此一直冰冷。桌上擺了一塊肉，過了五天還不解凍。

下午，我熄了爐火以降低油煙，一直等到六點才鑽進睡袋。肩膀疼得厲害，有時根本不能躺。我很想吃點安眠藥，但又不敢冒險。越到緊要關頭，越是刻刻不能鬆懈。

我還是不能順利吃東西，非得嚼到接近分解才能勉強吞下。爲了減輕胃部不適，我常邊吃邊玩牌。我用三副牌，分別標上A、B、C，自己計點自己賭。現在連發牌都會讓我的胳臂痠疼。今晚，一局結束才吃下三口。

吃完東西已到了午後八點氣象觀察的時間，事後我休息了一陣子，十點再上屋作極光觀察。各位，我的生活跟大多數人沒有兩樣，同樣受著固定作息的規範——一種形態一成不變，一再重複。話雖如此，打從五月三十一日之後，原本固定的作息已是有了變化。

整夜雪下個不停，早上我爬上梯子時，赫然發現以平日的方法竟然推不開頂門。我歇了一會兒，再用肩膀去頂，還是文風不動。我下梯拿了把鐵錘，砰砰敲了一會兒，好不容易才使頂門鬆動，但我已是筋疲力竭。

六月十三日

就南極來說，六月的天氣算是出奇的暖和。我趴在睡袋裡寫這篇日記的時候，溫度計記錄紙和氣象局報表就擱在一旁；我從紀錄中得知，自六月一日以降，最低溫是七日的零下四十六度，昨天最低溫則是零下三十八度，今天零下三十四度。此外，風幾乎是靜止的，這對我來說是好事。

不過，由於大部分時間都不生火，所以牆上的結冰也始終不融化，眼見就要慢慢爬上天花板了。據我觀察，結冰的速度約莫是每天爬升一吋左右。然而，不管怎麼說，我的身體狀況還是漸有起色。意外地；我放棄喝早茶的習慣。對我這個喝了大半輩子早茶的人而言，可是不容易的事；不過，就算是刺激性不大的食物，最好也完全別碰。

十四日星期四，是無線電連絡時間。莫菲心情愉悅；他說，「小美洲」一切安好，還轉述幾則在試播時跟紐約聊天時聽來的笑話。「眞實性如何我無法保證，」他淡淡地說：「畢竟只是道聽途說。」接著，波爾特回報我先前提出的油壓燈和爐子的油煙問題。從他如行雲流水的措詞判斷，他應該是在唸事先準備好的聲明；我甚至可以從麥克風中，聽到翻紙時的沙沙聲。他在愛荷華衛斯理大學講授物理學時，可能也沒這麼熱心、這麼客觀。

波爾特認爲，兩種類型的燈裡還是防風燈比較安全。他提醒我，若是燃油中濕氣始終不去，會使得爐子或燈帶有不純的黃燄，可能就會釋出一氧化碳。他還建議我，把爐子燃嘴附近漏的地方補好，否則漏油或炙熱的金屬會使煤油蒸發，發出令人想嘔吐的油煙。

在波爾特看來，這樣應可暫時解決問題；我也是持此看法，因爲他所建議的方法我早已試過。我不便再進一步追問，以免引起他的猜疑。

接著，這位資深科學家提到很符合他科學家胸懷的話題：流星觀察。永夜開始以來，他跟隊上弟兄就一直和全球各地的觀測站合作，不斷觀察天空的流星雨。我個人對流星雨頗感興趣，也常在用融雪煮水時發現碎片，因此，波爾特或莫菲會時時告訴我有關流星雨觀察的進展。波爾特在他「小美洲」的屋頂上建了一座透明塔台，幾乎跟地表齊平，對著天空四個象限角度，在天空晴朗時固定調派觀察員看守。結果非常可觀。南極大氣層特別清明，觀察到大量的流星雨，這不是灰塵和水粒子遮空的溫帶地區所能見到的。這是天文上的重大發現，也使得地球從這來源接受多少物質的估計產生重大的改變。

「我們對這項研究結果很高興，」波爾特說道：「我也沒想到成果會如此豐碩。因此，我們打算再進一步觀察。你知道，狄馬士正在改裝拖曳車，把帆布篷頂換成木製的結構體，配備上臥鋪、爐子和無線電，換言之，就是拖車觀察站。我們的計畫是，把其中一部車開到南徑三十哩外，在羅斯冰盾上建立第二個流星雨觀察站。」

「預計待多久？」我鍵入。

「晴朗期，二天，」麥克風傳來回答：「以這種方式取得的資料爲基準，計算流星雨進入大氣層時的輻射點和高度等等。」

「拖曳車幾時可以上路？」我鍵入第二個問題。

波爾特也不太確定，這得看狄馬士和技師們的進度而定。「但一號車應該可以在這一、二天內上路。」

「試車？」我猜測道。

「到阿蒙森灣再回頭，」波爾特說道：「這個距離應該可以查知標旗被雪掩沒的程度，以及是否可以沿路而行。」（阿蒙森灣在「小美洲」約十哩外，是惠爾斯灣一處冰罅處處的海灣。）

「幾時動身？」

「唔，大概在這一個月內。我們會視發展情況再跟你討論完整的計畫。」

「知道了，」我鍵入結束的電文：「星期天再見？」

戴爾插話進來。「是的，星期天準時再見。晚安，長官。KFZ收播。」這就是戴爾，精明能幹，在我麾下服務以來，從不毛躁、不迷糊，而且跟漫漫冬夜一樣，長久以來始終不失禮數。

奇怪的是，這計畫提出時只是在我腦海中一閃而過；也許是因為疲憊沒有看出箇中利害關係。在南極的冬夜期間正式從事大型活動，在此之前只發生過絕無僅有的一次（史考特探險隊的威爾森博士、雪利—吉拉德、伊文斯和鮑爾斯，徒步完成這次名噪一時的冬夜之行）。天寒地凍，雪橇狗戛戛難行，駕駛飛機風險太大，尤其是在必須迫降的時候。在南極，一個月是很長的時間，再周詳的計畫都可能化為烏有。等著瞧吧，我喃喃說道，一面踉踉蹌蹌地到坑道關引擎。一時之間我並未想到這發展跟我時運不濟有什麼關連。「小美洲」原本也沒有這種打算。

跟前幾次一樣，無線電連絡讓我筋疲力竭，不同的是這次復原的速度佷快。在臥鋪上躺了幾個小時，到了傍晚時分，我自覺可以去散個步。「散步」也許不是很恰當的字眼，因為我是拄著竹杖，每走一步就停下來喘口氣，藉以平復急速的心跳。我總共走不到二十碼，雖然不遠，但我已非常滿意。你逐漸康復了，我告訴自己；這句話聽來頗具說服力。

我未曾見過如此氣象萬千的極光。雖然已經從通風口驚鴻一瞥，除了固定的觀察外，還多次上屋去觀雪，但整天天色陰霾，可到了傍晚卻像是專為極光收起漫天烏雲般：起先只見一束光線閃動，接著，銀色長河帶著耀眼金光激射而出。大約十點三十分左右，我推開頂門再看一眼時，但見極光已不規則地擴張，北方和南方地平線之間的天頂，宛如披上巨幅薄紗，先是輕輕搏動，然後越來越快，瞬間化成淡綠色圓弧，個個卓然不群。眾弧上面光芒四射，層層相疊，呈扇狀布滿天際，亮度也越發增強。淡綠、紅、黃之色富麗，原本暗沉沉的天空陡地鮮活了起來。

這雅致、躍動的韻動頗見媚態。我坐下觀賞，渾然忘卻滿身的疲憊。擺動越來越快，眾光相射陡然飛旋捲起，在巨顫之中渲染出一層淡淡色彩。巨圖倏然消失，好像被水龍頭吸光一般，只留下幾縷光線兀自亢奮搏動，似乎在宣告：「稍安勿躁，還沒結束哩。」

我在頂門下翹首仰望，心想好戲就要上場了。忽然，地平線東、南、西、北方有無數光線拔地而起，彷彿敵機空襲大城，人人從睡夢中驚醒，齊指著天空一般。一束束光柱衝天而起，距天頂約三分之二時，色彩轉淡，悠悠滑落，不多時又再次從地平線釋放出來，帶著萬鈞之力直衝雲霄，風華無限地衝上天頂。到了天空最高處，眾光交織，形成日冕狀的幾何圖案，四周綴著輻射狀光線，宛如天河垂瀑，霎時，紅色的火星、南十字星和獵戶星的帶狀光芒相形失色，黯然如屋內的燭光。

十五日星期五這一天，凌晨溫度上升到零上七度，然後急轉直下，驟降到零下二十度。到處結霜，鼓凸成一大片緣體。風向儀卡住，我在上午爬上電線桿修理，同時清理銅接頭（我在日記中寫道：「我體力還不堪負荷，這項工作使我元氣大傷。」）星期六，天昏地暗，氣壓緩緩降到二八．○四吋；東北方向又起風，打破了白晝的岑寂。雪降冰盾，風掠冰磧，通風管和煙囪管整天有冰磧捲進來。在寂寂無風的日子之後，風暴的呼嘯聲尤其令人熱血沸騰；而遠方呼號聲似乎在提醒，我體力逐漸恢復，安全無虞。我可以看書，眼睛不再作疼，約莫一個小時，就看完馬昆德這篇有關十八世紀奇人提摩太．德思特先生的故事。接著，我打開閒置近一個星期的留聲機。一個大男人居然會沒有力氣上小發條，實在是不可思議，但事實就是如此。播放什麼歌曲我記得很清楚，也寫入日記本裡。一首是〈玩具兵進行曲〉（The Parade of the Wooden Soldiers），另一首是露西．馬許（Lucy Marsh）所唱的〈聖善夜〉（Holy Night），這也是我最喜歡的，特別是開頭的旋律：

哦，聖善夜，群星閃耀，

我救主降世之夜。

接下來的歌詞記不清楚，好像是一段描寫希望的喜悅。以前就曾一再播放這張唱片，想弄清楚歌詞以便學唱，但始終無法如願，因此，那天我暗自發誓，這回若能活著離開極地，我一定要發起全國性的改革運動，強調未來探險家可能會學唱以求得澄心靜慮，所以男高音的咬字一定要清楚。

六月　三、觀察流星雨的提案

七十二個小時之前，我認命地苦苦等待十月救兵，如今則是把希望寄托在八月底。……即便是鴻運高照，從「小美洲」到「前進基地」這段距離還會有一番苦鬥。冬夜將盡的羅斯冰盾比起埃佛勒斯峰頂還要折騰人。

六月是忽進忽退、勝負互爲拉鋸的時期，也是經歷悲慘的五月後首次重大的轉捩期。十七日星期天，是無線電連絡的日子。我日記中沒有包括這一天，原因是鼓不起意志來寫。好不容易改善的狀況，一夕之間徹底翻轉過來。

六月十八日

昨日，隱形大敵再度來襲。引擎從上次連絡之後狀況一直不佳，所以我這次提前約半個小時開機，以便作必要的調整。我依照五月三十一日以來的慣例，先清理引擎出氣口的結冰，再花二十分鐘左右整理混合油門；引擎運作一順利，我又開始頭暈目眩，跪倒在地。跪在地上是本能反應。我爬回屋裡，躺在臥舖上等候連絡時間。我上機時間又延遲了，對話時也是勉強打起精神。但願莫菲對我的回答還滿意。

我俯低著頭關掉引擎；現在引擎運作已經比較順利，油煙也少了許多，倒是我的體力又回到這個月頭四天的羸弱狀況。因此，儘管言猶未盡，但今晚不知爲什麼總覺得寫日記太耗精神。最糟糕的是，莫菲、波爾特和英尼斯—泰勒輪番上陣，競相跟我討論春季活動日期提前的問題。事實上，他們在「小美洲」就已充分討論以拖曳車部署活動基地的可行性，以便拉長田野調查季和擴大科學計畫的範圍。拖曳車改裝的結果顯然使他們大爲鼓舞。不過，能否成行還不得而知。

這段文字彌補了言猶未盡的不足，至少對我個人而言很重要。文句雖慘澹哀怨，還不足以形容我所受的折騰。由於日記主要是留給家人看，這些日子我一直刻意淡化事實，免得我最後幾天的慘況霧出蛛絲馬跡。例如，那天晚上我就衰弱得無法上屋執行午後八點的氣象觀察，甚至沒有氣力把自動記錄器的資料謄入氣象局的報表。那一夜，我爲疼痛所苦，咚咚心跳幾乎使我全身爲之顫抖，我在睡袋內輾轉反側，難以成眠。我時時心想，長久下去，我一定會精神分裂。好不容易嚥下的一點牛奶全部吐光，雙膀瘦軟以致無法清理穢物。我蜷縮在臥鋪上，好像和尚數著念珠般唸唸有詞；聲音一停，滿室寂寥。在痛楚來襲的間歇期間，我滿心期望、等待和傾聽是否有什麼異樣響聲；這鬱積的期盼既不是恐懼，也不是希望，而是處於兩者之間莫名的情緒。

要開始一天的工作本來就不容易，如今更是困難萬分；太陽系的重量好像整個落在我身上，而我必須把黑夜推開，把白晝拉前，這任務只有大力士辦得到。我每天早上必須強迫自己鑽出睡袋，而這時爐火已熄滅十二個小時以上，我凍得發抖，雙唇咬得出血。是你自找罪受！在我心中有個微弱的聲音說道；確是如此。儘管心堅意定，但若不是幸好在食物坑道一口箱子裡找到六片熱墊，我很懷疑自己是否捱得過第二次病發。

這些扁平的小熱墊形狀像信封，重約一磅，裡面裝有細沙狀的化學物質，加水後可以發熱。夜裡，我把兩片熱墊連同保溫壺帶上床，倒點水在熱墊裡，輕輕揉搓直到發熱，再用根繩子栓在腰間，一前一後塞在長褲和內衣之間。若不再加水，熱墊可以維持約一個小時，這段時間爐火剛好暖和室溫。還好當初補給官心血來潮，把熱墊丟進「前進基地」的裝備裡；我不曉得熱墊能用多久，只好省著用。

接下來的幾天，整個人好像繩頭越絞越緊。我極力維持氣象觀察作業，上發條，換記錄紙，無法上屋時就老老實實地把資料轉謄到一八〇三號報表上。可是，這些工作好像都跟現實沒有什麼關連；我彷彿分身爲二，一個是恍恍惚惚地在工作，另一個則躺在臥舖上冷眼旁觀。夜裡同樣苦不堪言；我倚著睡袋，膝上擺個箱子玩坎菲爾德紙牌；雙肩痠疼，發牌時尤其疼得令人心煩意亂，手氣一不順就把紙牌丟到地上。我拿起路德維格（Ludwig）的《拿破崙》（*Napoleon*），只看了一、二頁，字體轉而模糊，眼睛又開始作痛。你捱不下去了，心中那個愛發牢騷的聲音再度響起。這是習慣使然，不是你意志過人；你完了。

六月二十日星期三，中午時分，我腰間綁著兩片熱墊，穿上毛皮大衣，爬上屋暫時躲避屋內陰鬱窒人的氣氛。煙囪背風面堆上一層冰磧；我累得走不動，索性坐在冰磧上休息。雪花飄飄，在東面和南面的地平線上跟羅斯冰盾一樣幽幽暗暗，卻見北面地平線上薰染一抹盈盈嫣紅，是已消失在地球轉角處的太陽投射到最遠處的餘暉。冬夜的最高潮即將來臨。再過兩天就是冬至，屆時北行的太陽會在地平線下最大偏角二十三又二分之一度靜止，然後回頭往南半球而來。

在羅斯冰盾、「小美洲」和羅斯海荒寒的凍原之外，太陽依舊執行它每日不變的神蹟。溫暖和光明從地球一端消失的同時，立時湧入地球的彼端，想起來便覺十分玄妙；有些經度上的數百萬人好夢正酣時，別的經度上幾百萬說著不同語言的人，卻在朗朗白日下，各自因著不同的慾望清醒過來。這一切似乎遙不可及。在這裡，太陽去也姍姍，來也姍姍。現在是六月天，拿航海曆書稍加推算，太陽一直要到八月二十七日才會回轉到南緯八十度零八分。到那時我只怕屍骨已寒。

但是你已撐過最惡劣的階段，現在正是點收成果的時候了，我心中的聲音說道。冬至過後，太陽日日升高，晌午時北面的陽光會逐漸增強，「前進基地」和「小美洲」之間的標旗，會隨著晨曦慢慢掠過羅斯冰盾，一天天地擺脫黑暗，迎向光明。但你見不到這幅光景，那聲音又喃喃說著，然而我內心深處卻熱切地否定它的預言。現在我唯一的希望就是看到太陽和日光掠過冰盾。我起碼應該懷抱這點希望，否則求生的意志便會望風而逃。

我坐在冰磧上。我突然想到，「小美洲」和我閒聊時，提到八月間太陽升起後便開始部署活動基地。我第一次意識到，這跟我自身絕望的現狀可能有所關連。我一定要他們往這個方向來，一定要他們來這裡。我終於有了強烈的動機，渴望能看到太陽。

在此之前，我一直不太注意「奠基」的話題，而把初步活動的細節交給「小美洲」自行去決定。這些活動有兩條路線，一是向東往瑪麗．柏德地前進，一是向南朝昆莫德山脈的方向。第二條路線會經過我所處的門口，正因如此，我深深覺得爲了家人和自己著想，有必要讓他們在最安全的情況下，盡快先來這裡一趟。這是唯一而且合理態度。第二天就是無線電連絡日；明天跟「小美洲」通話時，我會給波爾特一道措詞審愼的指令，催他加緊準備儘早成行，字裡行間又不致流露出個人的急迫感。此事必須這樣處理，否則就按兵不動。

心意已決之後，我滿懷近四個月來少有的希望下到屋內。當晚我在日記裡寫道：「……從十六日以來，我第一次覺得氣力充足，不再視寫日記爲畏途。太陽仍然遙遠，十月更是遠在一光年之外。若是能把連絡時間改成今天下午的話，理當浮一大白！」

莫菲起疑心

早上我準時和「小美洲」通話。「難得準時，可喜可賀。」莫菲說道：「上次連絡時何以草草了事？」

這單刀直入的詢問使我愣了一下。我心想反正說實話也無傷大雅，於是打出簡短的電文說明，引擎的油煙使我「五臟如焚」，因此決定關機查看有什麼毛病。

「現在都沒問題了吧？」莫菲追問道。

「是的。」

「那就好。」

「謝啦。」爲了淡化任何可能的疑慮，我發出簡短的報告，告訴他我如何排遣無聊——嚴肅無趣地扼要敘述我在五月間所用的辦法。

「我自己倒是以數羊來催眠，」莫菲愉快說道。「對了，若是天氣好的話，一號拖車明天就可以登場。也就是說，如果人手足夠，可以把車道上近五十噸的積雪剷掉，把車子弄上地面的話，波爾特和狄馬士打算去試一下車。」

我聞言精神一振。「我有話跟波爾特說。」

「沒問題，波爾特隨時待命。」

我當然不知道這時波爾特正在無線電室工作，而且人就在戴爾身旁。

電文簡明扼要，只是說明由於探險經費拮据，因此必須在從紐西蘭來的船隻抵達後，盡快結束探險活動，因此，我主張如果可行的話，應儘早展開田野調查作業，而且我可能會趁龔基人馬南來的機會，提早回「小美洲」。結尾時我依舊囑咐他，一切準備務求周詳，等到日光充足時再啓程。

戴爾把電文複誦一遍。

「沒錯。」我說。戴爾在收播前，回應我上次提出的請求，把連絡時間提前到下午兩點。

「希望你能滿意這種安排。」他說。

「很好。」

於是雙方關機收播。

流星雨觀察擴大到「前進基地」

二十二日星期五，猶如杯中美酒。這一天，太陽在冬至的旋轉檯上靜止不動；魚鱗天，半月孤懸，氣溫零下五十度，是六月以來最冷的一天。第二天，氣候寒冷，天空明朗，月亮逐漸變圓，看起來好像是一邊有點磨損的古銀幣。我對自己也有了新的認識；七十二個小時之前，我認命地苦苦等待十月救兵，如今則是把希望寄托在八月底。我心中不作他想，但也不見得安寧。因爲我的良心不容許我行若無事。即便是鴻運高照，從「小美洲」到「前進基地」這段距離還會有一番苦鬥。冬夜將盡的羅斯冰盾比起埃佛勒斯峰頂還要折騰人。千萬不能出岔子，不能鹵莽行事，否則便會前功盡棄。

六月二十三日

這幾天備覺艱辛。爲了讓身體擺脱煙害，盡快恢復體力，我熄火關燈，在睡袋裡一躺就是好幾個小時，雖然全無胃口，還是硬逼著自己吃點東西。

六月二十四日

仍然覺得不舒服。今天無線電連絡時，貝里要我把時間再調回早上，他說新的連絡時間打斷了「小美洲」和美國的連絡作業。我問戴爾它是不是很重要，他說由我決定，同時表示午後連絡也未嘗不可。「那就保留好了。」我說。乍聞貝里的請求，讓我覺得他自私和鹵莽，繼而仔細一想，倒認爲是好現象。由此可知，向來十分獨立、很在意自身權益的「小美洲」的弟兄，只是把我調時間的請求解讀成受一氧化碳所苦之下，一時心血來潮的舉動。

六月二十五日

無事……無事……

六月二十六日

我計算一下自己每日攝取的熱量平均約爲一千二百卡路里。這是不夠的。我的攝取量應該是二千五百卡路里。因此，爲了增加卡路里，今天早上我在熱牛奶裡加了一大塊奶油，晚餐的菜單則是：乾利馬豆、米飯和馬鈴薯，加上大頭菜罐頭、維吉尼亞火腿。我雖然吃得多，其實是食之無味。

六月二十七日

無事——應該有數不清的事可以寫，只是我無心……

次日有很多消息傳進來。我準時打開無線電連絡。戴爾語調輕快，帶著北方人特有的含蓄說道：「博士和莫菲都在等你。相信你對他們的報告一定會很感興趣。」

兩天前，波爾特親自登上一號拖車，經阿蒙森灣到距「小美洲」約十二哩冰盾外的高原。「一切順利，」波爾特說道：「我們繞過冰罅，沿路行進沒有太大困難。標旗無恙，風雪似乎沒有造成太大損壞，正舷方位一出現標旗，前燈方向立時現出另一面旗子。不過，若能再拼裝出一盞探照燈來，應該會大有助益。」

接著，這位資深科學家話鋒一轉，開始說明他自己的提案，也就是把先前的流星雨觀察之行擴大到「前進基地」，以便觀察八月初的流星雨。他說，這是一舉兩得的提案，一則是把基準線延長到「前進基地」，既對觀察有益，觀察人員也可在我的基地小屋避雪禦寒；一則在我這方面來說，我無需等到稍後的奠基行動，就可以先跟拖車一起回「小美洲」。奠基行動的人數還沒決定，但他估計最初先派五個人，而其中兩人會在「前進基地」待一個月，繼續進行流星雨和氣象觀察。

波爾特接著說道，目前的計畫是，等二十三日至二十七日之間一放晴就開拔；在這段期間，午夜時分滿月出現在正南方，中午時分後方日光最強。波爾特不想延後時間，以免即將來臨的黎明破壞繼續觀察的機會。但另一方面，他和「小美洲」的弟兄也不認爲提前啓程是明智之舉。再說，據狄馬士估計，起碼要三個星期才能完成另兩架拖車的改裝；後備車尚未準備就緒就出發，未免失之莽撞。

就是這麼回事，連同氣象觀察簡介一起提出來，字字在耳機中鏗鏘有力，我幾乎不敢相信。這些話彷彿是我第一次精神瓦解之後，經常困擾著我的幻覺。不，那安詳而略帶遲疑的聲音接著談論到奠基之行的各個層面，又合情又合理，不可能是頭殼燒壞的胡思亂想。如此大好消息，如此突如其來，可說前所未有。我心頭一震，既然判斷力甚佳的波爾特和莫菲都有意完成此行，顯見「小美洲」並不認爲有太大風險。我心中的聲音叨絮著：這是他們的活動，與你無干，他們是爲了自己的研究前來，你不必覺得不安。

接著，我聽見波爾特問道：「你有何高見？」

我手按電鍵，心中卻是猶豫不決。「等一下。」我打出電文。這活動畢竟還是跟我有關，結果的成敗仍然在腦海中揮之不去。我一時間不知怎麼回答，只好告訴他再試幾次車，然後告訴我結果。不過，我口中雖然這麼說，卻心知肚明自己不可能拒絕他的提案。我已受盡折騰，不可能放棄最後一絲機會，況且，此事成敗不僅關乎我個人和家人而已。我已債台高築，而春天的探險活動更是件大事，萬一我倒下，後果肯定會無法收拾。這倒不是指李察・柏德會因此喪命，因爲只要是人皆會死，而是一旦我不見了，百人眾志成城的凝聚力——領導、計畫和可以爭取貸款以支付船隻、拖曳車、飛機等裝備和人事費用的名目——也會消失，因爲我個人的名字可以吸引無數人到演講廳、電影院和收音機擴音器前。我的名字——而非這副病痛纏身、行將崩潰的軀殼——是資產。但是，這跟我又有什麼關係呢？

那天從下午到晚上，我盤腿坐在睡袋裡，膝蓋上擺著航海曆、對數表、筆和墊板，以及南徑路線圖，仔細權衡利害。誠如波爾特所說，七月的第二週開始月亮回來，第三星期是滿月，同時，太陽加速爬上地平線，中午時分日光還算充足。我在紙上寫滿數字，估算燃油消耗量和拖車容量，爲拖車小組研擬安全措施。畢竟，凡事最後還是得靠人，只要他們有毅力，審慎行事且一路小心，風險應可減到最低，險阻也不致太嚴重。

很大的一個問題是，七月時節「南徑」上的日光是否足夠讓他們拾徑而行。揆諸險峻的冰罅，特別是在「五十哩儲備站」（50-Mile Depot）外冰谷中的冰罅，可見此行並不比由「小美洲」直奔此地。若要安全繞過「五十哩儲備站」，拖車必須沿著南徑小組插旗爲記的路線；三月間拖車隊從「前進基地」回「小美洲」時，每隔六分之一哩插旗爲記，標旗數目前已經增加了一倍，唯一要擔心的是，可能有數十面標旗被暴風雪吹倒或淹沒，使得這全長一百二十三哩長的路線上，出現一大段空檔。

但不親自走一趟是無從判斷的。誠然，波爾特試車的結果令人鼓舞，上回我藉著月光觀察，「前進基地」附近的標旗大致沒變；雖有一、兩面旗子被冰磧壓住或扳倒，看不太清楚，但多數只是旗桿四周堆了四、五吋高的冰磧而已（依直線插置的標旗，是寬約一呎的長布條，大部分是黃色，綁在二．四吋大的竹竿上。當然，除了標旗之外，在儲備站各直角方位還有燕尾旗或三角旗）。不過，這是因爲羅斯冰盾地勢平坦，冰磧不會堆積太高的緣故，在地勢低窪處的標旗很有可能完全被淹沒。若是標旗被淹沒了，無法循線行進，那麼，至少在太陽回來之前，此事只好作罷。

我盡可能作客觀地評估，正因如此，更顯見此行的風險越來越大，下午油然而興的希望逐漸消失，虛脫感霍然襲上心頭。我滿懷沮喪和無盡的疲憊吹熄蠟燭。

月兒稀，寒意濃，六月漸逝。二十八日星期四，最低溫度降到零下五十九度；星期五，零下五十八度；星期六，零下五十六度。牆上薄冰已爬到距天花板三呎光景，形成鋸齒狀的線條，不由令我想起教科書上說明冰河世紀如何侵襲地球的圖表。

上次身心再陷沮喪喚醒了我最初的疑慮：有一天，我可能會虛弱得連燃油也無法提進屋。因此，我趁此時體力較佳的時候，把屋內所有空的食物罐都裝滿煤油，以備不時之需。

我把這些備用燃油堆在屋內各角落，多出來的就以不用的內衣褲蓋著防雪，搬到門外的陽台上。爲了多騰出些容器，我把利馬豆和米倒進一口美國郵局布袋，以便空出大錫罐。我們的補給官顯然有先見之明。

午夜時分，也就是最長一月的最後一天中的最後一個小時，我把六月份的月曆翻到後面，然後做了一件突兀的事：我測量了一下月曆紙，是十二吋高、十四吋長，而藍底白字的阿拉伯數字高一吋。

希斯洛普股份有限公司
工程器材供應
紐西蘭　威靈頓

出處說明的下方一小疊，是一年中的其他月份。

時至今日，只要一閉上眼睛，這幅二百零四天裡朝朝暮暮相見的月曆便歷歷如在眼前。我常在月曆四周的白邊上草草作上記號，如：油桶未滿、保持通風管暢通、無線電連絡和給爐子油槽加油等等。四月和五月兩個月是每天用紅筆打叉或塗掉，六月卻整整一半沒有類似記號。漫漫無止盡的時間裡，一天算什麼？

七月

一、冰天雪地

羅斯冰盾在冷意中收縮，隱約可以感覺到地殼的震動。雪震越來越強烈，有時聲如悶雷，聲聲相疊，厲害時連小屋也爲之震動。

七月一日

天氣越來越冷——今天最低溫度是零下六十五度，我隱隱覺得，這個月跟六月是反其道而行，可能會很冷。幸好六月相當溫暖，否則我只怕捱不過來（紀錄顯示，六月低於零下四十度的計有十三天，零下五十度五天，低於零下六十度倒是沒有）。現在，爐火生著的時候，我在可以忍受的範圍內盡量把門打開，熄火等油煙散去了，再用破布（其實是破爛的襯衫和內衣褲）塞住坑道中的引擎出氣口和通風管入氣口，以免坑道和小屋內寒冷凍人。正確地說，一天中我有十二到十四個小時不生爐火，可說是毅力大考驗。昨晚我在睡袋裡還凍傷了一隻耳朵。

我很擔心冰磧。我打從沒能料理到現在，屋頂上的冰磧已堆積厚厚的一層；早上我到上頭作氣象觀察時，還注意到逃生坑道和小屋西邊的坑道旁冰磧堆得很高。不過，我得再過一陣子才有時間處理。無線電連絡時間挪到午後，讓我有了更多時間準備，體力消耗不致那麼嚴重，對我恢復體力是一大助力。今天的無線電連絡雖然累人，總算不像以前一樣把我給累垮。

「小美洲」沒什麼大不了的消息。哈奇森說。莫菲和戴爾出去滑雪，波爾特「博士」跟氣象觀察人員在一起。「小美洲」消遣花樣繁多，令人豔羨；當然，他們想必也很羨慕在國內跟他們通話的人……

我拍發電文，批准流星雨觀察行動，條件是要通盤考量任何可能發生的危險性。

七月二日

……我開始看書，今天讀了兩章《流亡之家》（*The House of Exile*），打算晚上再接著看。能夠暫時忘我地看一、二小時書，是人生一大樂事。此外，晚餐後我還放了唱片：〈修道院花園〉（In a Monastery Garden）、〈維也納森林故事〉（Tales from the Vienna Woods）和〈天鵝〉（The Swan）。聽著聽著，希望頓時湧上心頭，除非再一次嚴重感到體弱喪志，否則我撐過難關的機會很大。儘管還是疲弱不堪，但這一星期來確實大有起色。想到這裡不由得精神爲之抖擻……

七月三日

……還是十分寒冷，今天是零下六十二度，牆上的結冰又往上爬升一呎。我設法處理原先將就傾倒在門外的結凍餿水。我坐在頂門用繩子吊著水桶，把餿水拉到屋頂上頭，再倒在背風面。當然，這表示我得上下梯子十數次；這時我想到，要是上頭有個「忠僕星期五」（星期五爲《魯賓遜漂流記》裡的黑人忠僕——譯注），我只要吩咐一聲：「拉緊，星期五，又滿了」，可就省事多了。結果，我每上下梯子一趟，就得坐下休息好一會兒。不過，一番折騰下來，坑道倒乾淨許多，畢竟還是值得。

七月四日

我看到自己有體力剷除冰磧，心頭大爲振奮。不過，在零下五十度的氣溫下，我還是得強打精神，而且，我好像變成野獸一般，一覺得不對勁就本能地退縮。我居然會有如此大的改變，自己都覺得奇怪。以前我非但不在乎冷，反而還挺喜歡它淨化、消毒的作用，現在卻是抵抗力大不如前。例如，今天下午我鼻頭就凍得厲害，每隔一、二分鐘就得脱下手套呵呵鼻子，沒想到又凍傷了指頭。

户外走動對我大有好處，雖然每次走不到半個鐘頭，但總共可能有近二個鐘頭。夜裡仍是漆暗，中午時分北地平線上的色彩已有日出的跡象。距太陽升起還有十四天……我向來珍視生命，但程度上和現在相較已不可同日而語。再次感受到生命的搏動，對我的意義實非言語所能形容。我一直在想，一旦能生存著離開此地，一定要嘗試什麼新鮮的事，以及以不同的方式處理自己所熟悉的事，希望不要淪爲詩中的和尚一般：

這和尚，病時像和尚
元氣恢復時是壞和尚……

最近天晴氣朗，萬里無雲，抬頭望去似乎可看穿在國內時連望遠鏡也看不透的九霄深處。我重拾散步習慣，雖然每次都走不遠，但能再見斗旋星曜和南極光的萬種風華，已足以讓我信心倍增。在寒意料峭中，南極光的變化臻於化境，冰盾上連續數小時沐浴在它所激發的冷光之中。有時，一道玄光大河橫過天際，比密西西比河要寬上一百倍；有時，淡淡光芒互射，如銀蓮花瓣散落滿天。此時通風口一點紅光，恰似林火掩映。

當溫度降到零下五、六十度時，極寒中朔朔生風，風利如刃，拂面如削，我再怎麼旋身扭動，就是驅不去刺骨寒意。也許我會從腳趾開始凍僵，最後一命嗚呼。我上下跳動以驅除寒意和促進血液循環時，鼻子會凍僵；脫下手套呵鼻子，手會凍僵；手腕、頭盔繫帶摩擦的喉頭、頸背和腳踝寒熱交加。凍死想必是很難受的事。有時感覺很重要，但麻痺往往會使人完全喪失感覺，好像吃了鴉片絲毫感受不到痛苦；偶爾，那酷寒的痛苦卻又令人像是在強烈化學藥池中慢慢溺斃一樣苦不堪言。

羅斯冰盾在冷意中收縮，隱約可以感覺到地殼的震動。雪震越來越強烈，有時聲如悶雷，聲聲相疊，厲害時連小屋也爲之震動，好幾次把我從沉睡中震醒。我常想，自己處在相當於震央的位置，而這連續震動次數不斷增加，無非是表示「前進基地」四周的冰罅洞開。這可能是前兆；我逐漸恢復的安全感就跟這冰盾地殼一樣，端賴不太保險的均衡狀態維持，一遭強烈打擊隨即斷裂爲二。

以緊急裝備與「小美洲」連繫

五日星期四，打擊果然從天而降。這一天，無線電連絡已準備妥當，不料汽油驅動的發電機卻發生故障。我拉下開關試試，電壓表上是零度；我原以爲可能是接觸不良，事實不然。我一路查到發電機，才發現曲軸柄根本就發不動。這可糟了，我對自己說道，搞不好我什麼也沒修好，就先凍壞了一條膀子。

我放棄準時連絡的打算，埋頭修理機器，到了晚餐時刻，總算把發電機拆解。問題很嚴重，發動柄上有一片接線焊片斷掉了，我想盡辦法，只是沒有一樣派得上用場。除了休息和吃飯的時間，我一直忙到晚上；到了午夜，桌上散置無數零件，臥舖上則擺滿了工具，我再怎麼殫精竭慮，直到第二天中午還是想不出解決辦法。唯一的辦法是換個新的，但叫我上哪裡去找曲軸柄替換？

疲憊絕望之餘，我不得不判定自己已徹底失敗。現在僅剩下手動式緊急備用的無線電組件，但我懷疑以目前自己的體力是否足以操作。操作那組機器通常需要兩個人，一個以曲軸柄發動，供發報器所需的電力，另一位打密碼，現在我體力不足正常人的一半，卻得獨力操作。拖車之行迫在眉睫，偏在這緊要關頭故障。不僅如此。我心念陡地一轉，想到戴爾連續呼叫數小時得不到回應，必然開始擔心，甚至驚惶失措。不！爲何偏在最關鍵的時刻發生這種故障；我在六月間千辛萬苦保持連絡，就被這麼一片毫不起眼的鐵片毀於一旦。

星期五醒來，滿心的淒涼轉爲危疑不定。我打開緊急裝備；接收器已在幾星期測試過，沒有問題，發報器可就不一定了。發報器裝在一只七吋見方的鐵盒子裡，盒子連著三腳凳，其中一腳是操作員的座位；盒子兩側有兩根短曲軸，是供轉動發電之用。我照著說明書，好不容易找對了接線。天線導線上附著一具銅質手開關，可以扳動連接發報器或接收器。組裝完成後，我顫抖地站在無線電桌子旁；這看似工藝品般的裝置雖然簡陋，但我隱約覺得它可以派上大用場。

我看了一下手錶，已將近一點。我一刻不停地忙了四個小時，當然，九點半的緊急連絡已錯過；不過，戴爾會在二點時收聽，以防我錯過正規通話時間。我匆匆以熱牛奶、湯和餅乾權充午餐。二點，新裝置第一次登場。我把開關扳向發報機方向，然後以史川普的《實用醫學》壓著電鍵，若「小美洲」有人收聽的話，應該可以聽到連續訊號。然後，我跨坐在三腳凳上，兩手扳著曲軸柄開始發動。拉力大得出乎意料之外，我雖不知道磁阻多少，相當費時費力倒是肯定的事；轉速變快之後，我右手撥開電鍵上的書，敲出KFZ—KFZ訊號，左手仍然轉動發電機。各位是否玩過一手揉肚子，一手上下拍頭的遊戲？現在約莫是這個情況，只不過我身子還很虛，又不熟悉摩斯密碼，使得動作更爲笨拙困難罷了。

我呼叫了五分鐘，然後把開關切到接收器，用顫抖的手指調到戴爾所設定的波長，但只聽見靜電沙沙聲。我再試試戴爾標示的另外兩個頻率，還是沒有反應。我上下移動指針，依舊靜悄悄的，若不是發報機沒有發出訊號、接收器調得不準，就是「小美洲」無人接聽。我大失所望，差點沒哭出來。儘管體力已明顯消減，但我只在臥舖躺了大約十分鐘，又起身再次呼叫。我把開關切到接收器時，已經累得神思恍惚。驀地，戴爾的聲音一閃即逝，只一秒鐘光景，馬上消失。我拚命地轉動調頻盤，想找出那細如髮絲的波段。

「請說話，KFK，我們已收到你的訊號。請說，請說。我們已收到訊號。」是戴爾，好極了，好極了，我思忖道。

我切到發報機，以寥寥數語告訴戴爾，引擎「當機」，我好不容易才搞定緊急備用裝置。

「我們對這件事感到很遺憾，」戴爾說道：「我們會盡量簡短電文。」

莫菲接著唸了一段打算拍回美國的流星雨觀察之行簡報。其實他說什麼已然無關緊要。他一唸完，我只是說道：「OK，現在起無線電情況不安定，要是我沒按時連絡，毋庸驚慌。」

莫菲緩緩輕聲說道：「你也知道，前往『前進基地』很困難，當然也很不保險。我們這裡是這麼認為。因此，我們正在探討所有的可能性，作最萬全的準備，很有可能延後許久。如果我是你的話，我不會太過指望拖車可能在七月底之前抵達。」

我愣了一下，心中突然掠過一個念頭：他們明知此行艱險，仍然依計畫行事，莫非是我在不知不覺中露出馬腳？想到自己居然會做出如此愚不可及的事，不禁心頭一沉。我尖聲插話表示，既然他們認為此行危險就該放棄。我本來還有很多話要說，怎奈已轉不動曲軸柄，只好鍵入繼續的信號ＫＫ，並且等對方繼續回應。

雖然電文發得很糟，但他們顯然了解我的意思。莫菲仍然以平淡的口吻說道，我以如此方式打斷他的話，可能是有所誤會。他接著說道：「我的意思是，我很了解獨居三個半月是何等的漫長，更了解萬一在幾番討論之後，拖車還是延誤許久，是何等地令人失望。」他說了很久，但我心兒狂跳，開始天旋地轉，加上訊號莫名其妙地斷斷續續，我聽到的其實並不多。

然後是波爾特很快地報告一下準備情形。我同樣有一大半沒聽到，但他問我在人選上是否有什麼建議時，我倒是聽到了。

我的回答是：「沒有。」

電鍵旁擺著我早上擬好的冗長電文，提到各種安全措施，諸如拖車應準備大量儲備油、面罩、長手套，還有兩套配糧和露宿裝備，一套用雪橇拖，一套放在拖車上，以防萬一其中一套掉落冰罅。待波爾特說完，我趁臂膀還能使喚的時候發出：「徹底試車，多插些標旗。」然後鍵入複誦回報的訊號。他們是否複誦不得而知，反正我是沒聽見。我再發送一遍，然後收播，頹然趴在發電機上，一面暗罵自己太不中用。儘管如此，「小美洲」沒有起疑還是讓我頗覺欣慰。

這時的氣溫是零下五十度，我反而汗如雨下，潸潸流下胸口。我關掉爐子，踉蹌爬進睡袋。這是第三次發作，在元氣大傷五個星期之後來這麼一下，差點沒讓我一命歸天。若不是事先像松鼠般孜孜不倦地準備了一星期的貯油、三個星期的存糧，我很懷疑自己能否撐過那段時間。我軟弱不堪，只能以慢動作料理非做不可的事，這對我的滿懷壯志簡直是一大諷刺。渾身痠痛一發作，嘔吐和失眠也如影隨形而至。

七月七日

包括我自己在內，萬物全籠罩在寒冷中。整整兩個星期，溫度計紅色指標都在零下四十、五十和六十度之間徘徊，但方才用手電筒逡巡一下，卻見指標已低於零下六十五度，天窗上的結冰散開，跟已爬升到跟我眼睛齊平的牆上結冰相會。我急切希望寒冷稍退，因為我為了取暖已冒了空氣更不流通、油煙更大的風險。

我的情況還是很糟，腦袋莫名地昏迷和恍惚。昨夜十分惱人，今晨情況最糟，這幽暗、寒冷和冰盾上的單調，在在揪緊著我的精神，使得我的從容和自在消失無縱。這次發作使我回想起，海官敦睦航行時在英國感染傷寒後的情形：我發了好幾週的高燒，好不容易才恢復正常，到了可吃固體食物那天（我餓壞了）又復發。如今是重蹈覆轍；現在和當時的情形一樣，都是以衰弱的身體和心理狀態，面對另一場大病。

今天又錯過跟「小美洲」連絡的時間。我呼叫和傾聽起碼半個鐘頭，這是我能承受的最長時間。沒有反應。我心想他們也許會聽到，於是再拚命地呼叫：「完全聽不見，接收器故障。OK，OK，OK，OK。」整個過程令人沮喪至極，我搖搖欲墜，已瀕於昏厥邊緣。

終於找出無線電的毛病

南風呼嘯，帶來寒風直掠羅斯冰盾。從那天一直到七月十七日，每天平均溫度始終沒有高過零下五十四度；大部分時間是在零下六十度左右，十四日甚至降到零下七十一度。儀器百葉箱結了霜，好像是薄荷酒飲料外頭的水氣一般。天空中有時猛然灑下冰晶，猶如乾燥、觸膚生熱的冰雨。就某種意義上說，我幾乎可以看到寒意降下；每回推開頂門，就見從冰盾而來的超寒空氣，與坑道及小屋較暖空氣的交會處形成一道濃霧。儘管每天生起爐子的時間都在十五到十六小時之間，熱度還是不足以融解以每天一吋的速度爬上牆的結冰。天花板爬滿了結冰幾乎未曾融化過，同時，每天往牆上爬的薄冰，除了西面因有爐火熱度未能往上凍結之外，終於和天花板上的結冰連成一氣。我冒著失火之險，夜以繼日地以防風燈放在自記氣象儀下方，以防乾電池結凍。

這一段時間，我完全靠預先貯存在臥舖下方和架子上的食物維生：克寧奶粉、愛斯基摩餅乾、蕃茄、豆子罐頭、大頭菜、米、玉米粉、利馬豆、巧克力、果凍糖漬無花果，以及還剩一點家母所送的美味火腿。我會留意這些乏味的食物，不單是因爲它們的營養還算充分，而是在這最艱難的時候，我已無法準備比較複雜的食物。罐頭食品在爐子旁擺了好幾個鐘頭，往往還是得用鐵錘和鑿子才能將食物取出。我的手指因碰觸生冷的鐵器再次感到炙痛；不管我勉強嚥下多少食物，或穿上多少衣物，還是無法恢復身體製造熱量的機制。有天晚上，我覺得有力氣可以洗個澡（一星期來第一遭），才赫然發覺自己已是形銷骨立，一根根的肋骨清晰可見，雙臂肌肉鬆垮。我剛來「前進基地」時體重是一百八十磅，到了七月恐怕還不到一百二十五磅。

七月九日

我覺得自己像是個笑不出聲來的笑話，或者說得更正確些，就像是四腳朝天的烏龜。單調生活令人難以忍受，最近我看不下書，也無心轉動留聲機。我必須跳出消沉，而唯一的辦法便是仰賴助我撐過上個月的那股信心。上個月我幾已臻至內在安詳境界，如今則微弱近乎蕩然無存。一定是在哪裡出了岔子，我非得找回內在和諧不可。

七月十日

……由於寒冷持續，不得不一直生著爐火，我擔心自己可能已吸進過量油煙。眼睛、腦袋和背部疼痛，對我而言已經再熟悉不過了，至於是寒冷，還是油煙對我產生較大的傷害，則不得而知。我已從嘗試與錯誤中學到很多，但在嘗試和錯誤之間是否有兩全之策卻全然沒有把握。

昨晚徹夜難眠，我第一次——希望也是最後一次——服用安眠藥；因爲若不小睡片刻，明晨一定爬不起來。我整天虛弱不堪，想必是服用安眠藥的關係……

七月十一日

……昨夜情緒低潮，神思困倦迷糊，渴望光明的念頭十分強烈，因此，儘管已下定決心，我終究還是點起油壓燈，享受大約半個鐘頭的光明。好像是日光重現一般，角落上黑暗頓消，有紓解昏黃搖曳燈光所造成的壓迫感的作用……

我發覺問題的癥結在於，我一直望文而不思其義，只是一再重複我對宇宙造化的信念，沒有切實去感受箇中意涵。這是我走上岔路的原因，只要能同時感受和堅持眞理，應該可以重拾內心的安詳……

跟「小美洲」失去連絡使我心情更爲低落。九日星期一，我在緊急連絡時間聽了半天，沒有任何反應，星期二也一樣。鑑於發動發電機太耗力氣，我只好放棄呼叫。很顯然地，問題出在我自己體力不繼。我每天無時無刻不在研究發報機和接收器，分解組合了五、六次；我細讀戴爾爲我準備的說明書和簡易維修指南，唯一能找到的毛病是，發報機接觸不良。十二日星期四，我聽見戴爾微弱的呼叫聲，趕忙設法跟他連絡：「已聽見。無線電有問題。請說。」我不但發出電報，在急切之間甚至唸了出來。可惜密碼和用嘴巴唸都沒有用。戴爾呼叫KFY，催促我回答。我發動引擎，每隔五分鐘發出：「已聽見，這裡一切OK。OK，OK。」一共發了兩次。這已是竭盡我所能了，但還是不通。我聽見莫菲的聲音，但聽不清他在說什麼，接著便寂然無聲。我彷彿身陷流沙中，徒然對著一位聽不見我聲音的人頻頻呼叫。

七月十四日

……謝天謝地，我總算找出無線電的毛病——原來是天線的引入線接觸不良，這頗出乎我意料之外，因爲上回連絡過後的第二天我才檢查過。有了發現之後，我加緊檢修，上緊所有的接收器和發報機連接線。

我挺不喜歡這連續不斷的寒天。溫度記錄器上的氣溫已降到零下七十二度，我得在所有自動記錄器的油墨中加入更多的甘油以防結凍。

七月十五日

今天喜憂參半。喜的是，我終於跟「小美洲」連絡上，憂的是，啓動發電機累得我筋疲力竭。最令人欣慰的是，我發現失去連絡並沒有引起「小美洲」騷動，他們還是很冷靜，雖然我很想知道他們對我沒有連絡會作何想法，卻又不便詢問。此外，我也怕莫菲會對我多所詢問，所以一連絡上就發出預先擬好給波爾特的指示：「若找不到路徑則儘速回小美洲。多帶標旗、瓦斯、食物、皮衣和露宿裝備，最重要的是，絕對要確定不會迷路，以及燃油不會用罄。」

我隱約聽到戴爾說他有一部分沒收到，要我重述一遍，可惜我已力盡筋疲，因此，我發出最後告誡：「以弟兄們的安危爲重，不要冒險。」

莫菲接手，說他們很高興我又恢復連絡。他解釋道，他有很多重要的事要報告，不想多問我這邊是否發生了什麼事。他接著補交說，萬一再失去連絡，他們會在七月二十日後第一個好天氣上路。我聽他這麼一說，知道他們把我何以失去連絡往好的方面想。莫菲又說，要是日後再失去連絡，他們會姑且假設我的接收器還正常，固定在早上九點半和午後二點廣播。他要收播前提到風速計標桿，但已聽訊模糊……

當訊號一傳進來時，波爾特以他慣有的審慎而明確的口吻說，南行人馬包括他自己、魏特（無線電操作員）和史琴納（司機），以及預定留在「前進基地」觀察的皮特森和傅雷明（Fleming）。他評估此行不會有太大困難，不過他建議我在他們啓程後，每天中午燒一罐瓦斯當作烽火。

鍾恩提到此行可能遭遇的問題，可惜我聽不太清楚他說什麼；他說完，莫菲接手作個總結，而且複誦了好幾次，以確定我能聽得清楚。其實他所說的不過是：此行只是試探性質，若是情況不對，波爾特會折返「小美洲」，待光線較好時再啓程。「星期二同一時間再連絡，」他最後說道：「之後每天在固定時間廣播二次。」

這些消息的確令人寬心許多。我試圖發出確認電文，可惜氣力已耗盡，收播時兀自聽見戴爾要我再複誦一遍（「小美洲」日誌上說：「……這時柏德說：『OK，每天聽十分鐘……』，戴爾要他再說一遍，但只傳來他發動發電機的嗚嗚聲，接著就是「再見」，我們只好收播……沒有回答。」）。

「小美洲」開始起疑心

雖已事隔四年之久，如今回想起來仍覺得不可思議。我沒說實話，因爲除此之外別無他法，「小美洲」也沒說實話，不同的是，他們其實已對我的話起了疑心；他們既然看穿我虛應故事來誤導他們，自然他們也編了些話來誤導我。

莫菲大概是在六月的最後一個星期，就已覺得「前進基地」情況不對。他的疑慮並沒有明確佐證，誠如他自己事後所說，「只是我的想像和直覺，以及你莫名其妙失去連絡」。然而，他的疑惑未消，在無線電的另外一頭，有如醫生把脈似的，端詳著戴爾打字機上成形的我的電文。七月間失去連絡，使得莫菲的疑慮得到應證。他注意到我有氣無力地使用手動式無線電機組、電文模糊不清、字與字間相隔太久，在在加深他的疑惑；在他看來，除了我形體日衰之外，沒有更好的解釋。

起初，「小美洲」的弟兄並沒有把他的話太當眞，他們認爲，莫菲不是心理學家，再說我本來就對無線電操作不熟稔，通訊效果不佳原是預料中事。儘管如此，我可能出事的想法依舊縈繞在莫菲心頭。

波爾特解釋，他提出前來「前進基地」觀察流星雨的建議，並不是受到莫菲直覺的影響，可我還是疑念重重；我知道他爲人恭謹，越來越覺得他這麼說只是爲了消除我的不安。不過，他和莫菲著手計畫「前進基地」流星雨觀察的行動，遇到強力反對，這點我倒是知道的。我在「小美洲」建立的組織稱得上是「憲政體制」，舉凡重要的提案都得提交由十六名軍官組成的參謀小組表決，小組中若有三分之二反對，即可否決執行官的提案。據我事後知道，持正反意見的人數相當，辯論十分激烈。「小美洲」意見紛歧，爭議持續數天之久。反對的主要論點是，我並沒有明確批准可在永晝到來前，前往「前進基地」；更何況我事前已嚴令不得夜行，並指出先前我批准奠基行動時，已特別提醒波爾特，務必待光線充足時再啓程。

莫菲向參謀小組坦承雖然他沒有任何具體佐證，但仍堅持他的直覺，並極力主張即刻採取行動。「各位所說的不無道理，」他告訴參謀小組：「的確不宜憑直覺叫弟兄們去冒險，但是萬一我所料不差，那麼我們永遠都不會原諒自己。」波爾特這方面則是純就流星雨觀察的價值提出觀點。不過，小組中有很多是現役海軍或退役海軍出身，已經習慣服從斷然的命令，對他們而言，研議中的行動顯然是刻意規避明確的指令，只是由第六感所策動的鹵莽行爲，可能招致不測，而有使得領隊和他們自身蒙羞之虞。誠如他們所推論的，如果這是一趟救援行動，依照常理和領隊原先的指示，首先必須直接詢問待援的人是否眞正需要援助。

莫菲不會出此下策，理由是，若把這些事實攤明，獨守「前進基地」的人唯有否決一途。因此他的論點是，此行可以提供波爾特觀察所需的基準數據，同時又可以查明我是否安然無恙，可說一舉兩得。他跟波爾特就是憑著這個論點，好不容易說服參謀小組批准。情勢豁然開朗之後，接著就是不斷向我說明此行純屬流星雨觀察計畫，因爲他們很清楚我不太可能阻攔波爾特提出的重大科學計畫。我的答覆雖然模稜兩可，但我一同意他們便可放手去做。若是我眞的安全無恙，那更好，波爾特只消架起流星雨觀察設備即可，除了莫菲之外，沒有人會知道極地連絡官出了個大洋相。反言之，若是我眞的碰上麻煩，則正好是此行的雙重目的之一。

儘管有這番騷動，甚至在我失去連絡之際，他們仍然一再安我的心，說一切順利如常，而且流星雨觀察之行的準備即將就緒，期待很快就能跟我見面。

這些都是我後來才知道的，在一九三四年七月的當時，我根本毫無所知；莫菲措辭極爲謹愼，讓我沒有起疑的餘地。不過，在這四年當中，回想起當時的片片斷斷，我想我是完全了解了。這則事故的核心人物心照不宣，其他人頂多只是略有所知，再加上一些他們個人的猜測而已，但由於這些事是關於「前進基地」和我個人際遇的一部分，我覺得現在有必要把自己所知道的寫出來。

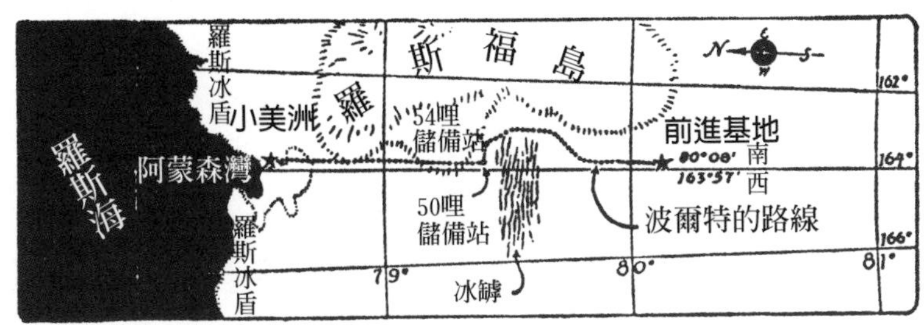

七月

二、拖曳車隊帶來生機

今天我沒來由地湧起無限的希望：想必拖曳車能突破難關前來。……我真的覺得自己好多了。也許是確知「小美洲」已在積極準備，使我心中的希望有所落實的緣故。

白晝在北方的天空緩緩散漫開來，光影變幻持續約半小時之久，正午前後一小時呈現灰色曙光流連天際。有一天，我坐在煙囪管背風面的冰磧堆上，一面看著明滅交疊的光影，一面告訴自己，不消多久，迤邐伸展的羅斯冰盾外便會現出拖曳車車頭燈的黃色燈光。但我不能讓自己太過執迷於這個期望；我已受夠了折騰，經不起再一次的失望。我告訴自己，他們能來當然是值得慶幸，若是他們折返，我的情形反正不會比現在更糟。曙光一消失，天空乍然出現極光，有如一面扇子般向四方展開，不過一、二分鐘光景，羅斯冰盾一片白光閃耀；我可以看到數哩之外，雖然有時不免受光影誤導，但這條路上，每隔半哩就有一面標旗，我能看到的起碼就有三面。

七月十六日

今天我沒來由地湧起無限的希望：想必拖曳車隊能突破難關前來。波爾特爲人堅毅，弟兄們在他帶領之下安全無虞。我眞的覺得自己好多了。也許是確知「小美洲」已在積極準備，使我心中的希望有所落實的緣故，不過今天的氣溫依舊在零下五十度左右，天氣還是極爲寒冷。昨天是零下六十八度，前天和大前天都是零下七十一度。

七月十七日

> ……今天溫度記錄器最低溫是零下六十一度，但已開始向四十一度攀升。我衷心祈禱，這是寒冷期結束的前兆。今天，煤油結凍，我在坑道裡生起汽化煤油爐，還是沒有多大效果，我不得不整個下午開著小屋大門，讓屋內的熱氣散透坑道，化開煤油以便汲取。但這也使得屋內冷得令人難受。

十八日星期三，寒意漸去，不斷帶來貿易風，風勢原本從昆莫德山脈直奔而來，現在由西轉北後風勢增強，使得氣溫爬升到零下二十八度；第二天風勢更強，最高氣溫回升到零下二十三度。我衷心歡迎這變化，因爲寒意稍斂雖只是短暫現象，對拖曳車隊卻大有幫助。不過，風勢增強固然帶來暖意，同時也捲起冰磧，使得拖曳車隊更加難行，可說是利弊參半。果然，當天下午無線電連絡時，「小美洲」就報告說雪暴侵襲營區，能見度爲零。不過，氣象人員也預測雪暴很快就會過去。「若是天氣許可的話，」莫菲說道：「拖曳車隊會在早上六點出發。」他要我待命，等候收聽那時的天氣預報。

「沒有鬧鐘你能那麼早爬起來嗎？」他問道。

「應該可以。」

「你要他們帶什麼嗎？」

「是的，溴化鈉、魚肝油和葡萄糖。」

「唔，這得看南行小組怎麼辦。」莫菲說道：「順帶一提，波爾特打算帶三個月的配糧，此外，他還用廢鐵做了個別出心裁的探照燈。」

跟往日一樣，他的話還是很難聽得清楚。即便是細心調頻，能聽出一半就已很幸運了。許久之後我才發現，問題出在接收器內部迷宮似的線路。於是我只得請他們多次複誦電文，他們也同樣要求我複誦電文。發動發電機極為費力，每次只能發出一、二個字，然後就得請他們稍候，讓我喘口氣。

「抱歉又得讓你再發動啦。」莫菲說道。

我苦思合理的解釋，這才想到三月底胳臂受傷的事。他也知道這回事。

「胳臂不聽使喚，很難發動。」我告訴他。

「很嚴重？」他追問道。

「還好，不過發動起來很費力。」

關機前我們把連絡時間略作更動，從明天二十日星期五正午起，「小美洲」每隔四小時廣播一次進度報告。他們會收聽，但除非我有所指示，否則不一定要回覆。戴爾收播前報告一下剛和阿林頓（Arlington）對過的時間。

「小美洲」即將啓程的興奮，以及擔心自己在早上六點可能起不來，讓我輾轉難以成眠。上床之前，我裝了一壺熱水瓶，兩個熱墊塞在睡袋腳邊。幾小時之後「小美洲」的弟兄就要啓程，使我興奮得忘了疼痛。我在日記裡寫道：「……這消息太妙了，一時之間我幾乎無法相信自己眞的還能再看到人，因爲我已不知多少次認定再看到人類的機會微乎其微。天氣轉暖是個好兆頭，溫度計的紅標已回升到零下三十度，看來一切都朝正向發展，使我覺得好像打了一劑強心針似的。不過，不可否認地，我仍然非常、非常虛弱……」

我不知幾時睡著了，一醒過來看錶已是五點三十分。儘管這種時候我很不情願，更沒有氣力，但還是催促自己鑽出睡袋，穿好衣服，爬上頂門。陣陣北風掠過羅斯冰盾，觸膚生寒，但天空卻出奇地晴朗。氣壓上升，果然是好預兆。然而，我把手電筒轉到溫度記錄紙上時，不由心頭一沉。溫度從零下二十四度急遽降到零下四十六度半，而且曲線仍然在遽降當中。爐火雖旺而不熱，熱墊也一樣，約莫是化學劑已疲乏了。

我一坐上發報機前的三腳凳，立即傳來戴爾的聲音。「早安。」他在我確認呼號後說道：「氣象報告準備好了嗎？海涅斯等著要。」

發出氣象報告後，波爾特告訴我，海涅斯建議將啓程時間延後，再等「前進基地」中午的報告。雖然昨天侵襲「小美洲」的雪暴已停，但在未確知高空氣象觀測汽球和「前進基地」另一份報告都顯示天氣穩定之前，海涅斯不願貿然判定「安全」。「不過，比爾要我告訴你，看來天氣相當良好——良好而寒冷。」波爾特說道。

這額外的差事害我沒時間吃東西和取暖，也使得我筋疲力竭，好幾次因爲氣力不繼，而在啓動發動機時請戴爾稍待，讓我喘口氣。權充早餐的熱牛奶和熱燕麥粥一起在胃裡翻騰起來，我趕忙往坑道跑去，一陣乾嘔，吐得滿地狼藉。我爬上臥舖，等候正午時間。時間過得很慢。藉著防風燈的燈光，但見溫度記錄器指標穩定地下降，正午到上頭觀察天色時，溫度是零下六十一度，但風已漸歇，氣壓仍然繼續升高；天色晴朗，北面天空一片嫣紅。

「海涅斯很滿意。」我發出上述的天氣報告後，莫菲說道：「這裡也轉冷了，昨天只有零下十四度，今天已降到零下四十度。不過，天氣晴朗正合波爾特之意，他說會在一小時之內動身。」

「告訴他小心爲要。」

「遵命。很抱歉就此草草結束，四點鐘再見。」

坐立難安的等待

接下來的情形我實不欲多作詳述。除了得顧慮自身外，我還得掛心另外五個人的安危，那種心情較之在牢裡心急如焚，冀望能在最後一刻獲得緩刑的死囚更有過之而無不及。啓程前的興奮之情頓時消失，代之而起的是滿心懊悔，既後悔當初不該同意，又擔心他們可能遭遇不測。我坐立不安。我沒來由地爬上頂門，仰觀天色，好像老天可以證明我的英雄行徑似的。然而在冰晶掩映之下，只見一輪冷月掛在天空，教人看了就覺心寒。

氣溫降到零下六十二度。我開始準備烽火。導航裝置箱裡有八、九把鎂光燄火，各附有木柄，我拿出六把，放進梯子底下一口箱子裡，再找出兩截約三呎長的備用通風管，用繩子吊上地表，插在雪地上，中間架起一塊厚板，權充工作檯和放置汽油瓶的高檯。我的想法是，把汽油倒在空罐裡，擺在檯子上一個接一個點火。

午後四點的連絡時間打斷了我的準備工作。戴爾很忙，只說了一句話：波爾特在二點三十分從「小美洲」出發，剛接獲報告說他已到了四哩外，正往阿曼森灣而去。晚餐前，我把四個空錫罐倒滿汽油，每罐不超過一加侖，再把其中三罐扛上地表。八點，氣溫零下六十五度，「小美洲」通報說：「他們已橫過阿曼森灣，到了南方約十一哩外的羅斯冰盾高原，在南徑上整裝待發。很顯然，他們沒找到標旗。午夜再見。」

冷。溫度計紅標下降。天哪，他們運氣怎這麼背，偏選在最嚴寒的時候來這裡？我對自己說道。戴爾每小時會跟拖曳車隊連絡，他也把波長告訴了我。我想聽聽他們的報告，可惜雖然找對波段，也聽見他們忙著交換信號，但收發速度太快，不是我所能應付的。接近午夜時分，風向紀錄證實風在西面短暫流連後，再次轉回西北，風勢也稍稍增強；氣壓仍在上升，這倒是好現象；不過，氣溫在一個小時之內降了五度，急降至零下七十五度，不但是全年最低的紀錄，也比「小美洲」最冷紀錄低上二度。我雖然知道他們那邊比較暖和，但一想到在這種氣溫下，五個人在羅斯冰盾努力維持自己和一輛拖曳車的生命，使我也心慌意亂起來。

午夜連絡時，莫菲的口氣聽起來很沮喪。「我們剛收到波爾特的消息，」他說。「拖曳車在南方十七哩外，速度慢下來，但仍繼續前進。」

我發出：「一切OK？」

耳機裡的聲音似是從極遙遠的地方傳來，莫菲緩緩說道：「顯然不太順利，他們那兒雖然天氣晴朗，卻是雪勁風急，據波爾特說，能見度爲零。標旗顯然已完全被雪淹沒，旗幟只剩兩吋左右露出地表，因此，他們是以羅盤航向的方式，一面一面地找出標旗，若是少了一面，就以繞圓方式直到找到標旗爲止。因爲有些旗子被吹倒，留下一大段空檔，使得他們不得不把行程慢下來。」

由於接收器故障，我必須請莫菲複誦二、三次，才能聽出個梗概。從他的報告聽來，我已沒有繼續保持希望的權利了。由於我行走極地多時，很清楚北面空茫暗黑的情況。我可以想像，波爾特坐在引擎蓋上，手持探照燈，在相隔二九三碼的距離間，拚命尋找不過巴掌大小的標旗。這條路線是大約五個月前英尼斯—泰勒開發出來的，他雖知道這件事，但對循標旗而行卻沒有太大幫助，因爲狗橇隊不會沿直線行進，而是以Z字形方式忽左忽右，也就是說，標旗的方位可能在眞正路線左右兩側二十碼，因此拖曳車隊以靠速率計作羅盤航向方式搜尋，很可能會找不到標旗。

「迪克，你沒有必要整夜待命，」小美洲說道：「我們會跟波爾特保持連絡，明天早上八點再見。」

我擬了一段電文，請他轉告波爾特，若是他們能撐得下去的話，往我這個方向找到標旗的機率較高。我本想再發點指示，但因胳臂使不上力而無法將電訊送出去。以前發生過類似情況，以後也還會有，我這一生中覺得自己萬般無用莫過於此時了。

那晚關機後，我滿懷事情已完全不是自己所能掌控的憂慮爬上床，疼痛和夢魘再度接踵而至。折騰了一夜，星期六早上，我再度陷入似清醒卻昏迷的奇詭境況中，費了好大的勁才爬起來。我把手電筒照向溫度記錄器時，但見紅標在凌晨三點滑落零下八十度之後就沒有上升；我用來洗眼睛的那瓶硼酸自行爆裂，連保溫壺裡的牛奶也結了凍；爐子後方牆壁原本還能力抗薄冰上爬，現在則已覆滿一層白霜。我在調弄爐子時，手指掉了一層皮。我身子虛得無法站立，只好再鑽進睡袋，再次醒過來時已將近中午，錯過了第一次無線電連絡時間。

正午和午後二時的緊急連絡，我設法再跟「小美洲」連絡，卻只聽見靜電的沙沙聲。溫度記錄器停在零下八十度便凍住。我心焦如焚，在午後四點第三度嘗試和主基地（指「小美洲」）連絡無效後，我盲目地發出：「波爾特，如果你還在路上，請速回轉『小美洲』，待天氣較暖時再作計議。」戴爾是否收到電訊，我無從得知。

這時，我的胃除了熱牛奶之外，已容不下別的食物。我大部分時間蜷縮在睡袋裡，幾呈昏迷狀態；爐子整天生著火，但屋內依然冷得令人無法忍受。晚上清醒過來，只覺眼睛疼痛流淚，腦袋和背部也一起疼痛起來，這才赫然醒悟，屋內一定已充滿油煙，於是我強打精神下床，盡量設法解決。出氣口幾乎被冰凍死，我用掛鉤木棍戮通；摸摸煙囪上端，只覺觸手冰冷，同樣也塞住了。我心想，無論如何得想辦法隔絕寒冰，於是便到陽台搜尋，好不容易找到石棉。我拿著石棉和一截繩子爬到上頭；這時室內溫度是零下八十二度，一推開頂門，呼吸道頓時收縮，我差點閉氣窒息。接近地表的空氣層想必至少是零下八十四度。我不得不退回屋裡緩緩氣。這回，我戴上面具，閉著氣推開頂門爬出，再往煙囪管方向行去。我用眼角瞥見通風管宛如一截斷棄的蒸汽管似的噴著氣。

我盡量不往北方看，以免徒增失望之情；然而，我還是心存僥倖，寄望遠處高地會突然冒出拖曳車燈光。一縷搖曳光線，我頓時心跳加速，再仔細望去，可惜只是地平線上一顆星星而已。除了東北角一彎淡淡極光之外，天空極爲晴朗，我看在眼中不免替拖車隊高興，不過，我同時也告訴自己，不管他們如今在何處，一般人絕不可能在這極寒溫度下待太久。我每一呼吸，肺部都隨之收縮，從面具出氣口呼出的空氣立時凝結。

怪事發生了。我手上握著手電筒，背上背著石棉，往煙囪管爬去，剛爬到一半驟然眼前一黑；我起先以爲是手電筒失電，但一抬頭卻連極光也看不見。我的眼睛瞎了！我起先以爲是眼珠子凍著了。我摸索著往小屋方向爬回去，不一會兒，腦袋撞上固定風速記錄器的鐵絲；我蹲在旁邊仔細思量。我並未感覺到疼痛，脫下手套輕輕揉揉眼窩，睫毛上掛滿小冰球，把睫毛整個黏住，冰球一揉掉，視力頓時恢復，反倒是右手手指凍壞了，我趕忙把手伸進胯間取暖。

由於戴著手套的緣故，雙手極為笨拙又不穩定，要把石棉裹在煙囪管上是極費力的工作。我注意到煙囪管也被冰堵住了，開口只剩拇指般大小。工作未完，睫毛又凍住了；這回我凍傷了左手兩根指頭。我急於擺脫寒冷，所以懶得爬梯子，直接滑下屋內。我卸下面罩時，連帶把兩眼下方臉頰上的皮膚也扯下一大片。我花了大半個鐘頭，才使得手指頭在一陣熱辣辣的刺痛後，恢復血液流通。

我雖然疲憊不堪，在沒有打通煙囪管之前，還是不敢上床休息。我裝了一湯罐的固態酒精片，點燃後在煙囪管四周上下移動，提供額外的熱量，藉著石棉隔離作用，不一會兒，煙囪管內的結冰化水，之後，爐子本身的熱度足可保持流動狀態。我從彎管上的小孔就集了一大桶的水。溫度記錄器已滑下零下八十三度，水滴落地立刻結成冰。我擔心氣象儀器會凍住——至於我自己，那就更別提了——一時決定不下是否要熄掉爐火。我躺在睡袋裡，盡量想著溫帶、熱帶地方的光景，無形中似乎覺得暖和了許多。過了好一會兒，我下床熄掉爐火。

拖曳車隊折返「小美洲」

二十二日星期日，我擔心拖曳車隊的安危，慼慼惶惶不可終日。我一醒來，睡袋頭已是結了一大塊冰；我得用酒精先將輸油管暖開，煤油才能從油桶流到爐子。我雖然雙手情況不佳，還是把接收器完全打開，朝、午、晚三次試著和「小美洲」連絡，完全無濟於事。空氣一片死寂。我推開頂門北望，起碼有十幾次，幾乎都被那閃爍亮光所迷惑，仔細一看才知是星星。氣溫下降到零下六十幾度，時速十六哩的東南風呼呼吹來。煤油再次結凍，我不得不犧牲屋內的熱度去暖和坑道。

那天下午，我已是心灰意冷，因爲得悉朋友已經上路而產生的精神亢奮蕩然無存；我的內心也空盪盪的。該試的都試過了，總是徒勞無功。擔心波爾特可能遭遇不測的惶惑漸升，這是很可怕的想法，但除此之外，我沒有理由再作他想。儘管如此，到了下午三點時，我還是打起精神到地上燒兩罐汽油當信號。我整整劃了十二根火柴，好不容易才點燃。汽油一點著，頓時火光衝天，我已習慣了黑暗的雙眼一時之間竟是闃黑一片。

濃煙衝天，在風中裊裊散去。北面沒有回音。過了一會兒，我拿起綁在竹竿上的鎂光火把，高高舉起；鎂光極是耀眼，在暗夜中形成一個巨大的藍洞。鎂光燒了將近十分鐘，之後就被黑暗淹沒。這時，我結結實實體會到孤寂兩字的深意。

七月二十三日

沒有消息。我再三到地上觀望，但除了那些令人誤認的星星之外，別無他物。我雖知道是徒勞無功，當天傍晚還是再燒兩罐汽油。這是隆冬之夜的愚蠢行爲，但我不能輕易放棄這愚不可及的希望。我雖是滿心絕望，但見正午微光漸漸擴大，逐漸爬上地平線的太陽放出令人疑眞似幻的光華，預示著再過一個月白晝就會來臨，仍使我精神爲之一振。

今晨室內溫度記錄器的溫度是零下七十三點五度，我差點凍僵，一時間竟下不了床。我左頰凍傷，睡袋襟緣乃至我的頭髮都被我呼吸結成的霜給凍住。

七月二十四日

沒有消息。我祈求上帝告訴我波爾特的下落。要是他有什麼不測，我一輩子都不會原諒自己。風從東南方吹來，捲起相當大的冰磧，但溫度已慢慢回升到六十度、五十度……

七月二十五日

毫無異狀，只有風，雪也更大了。我又把無線電打開，但什麼也聽不到。有時我告訴自己，這是因爲沒什麼能發出聲音的緣故：「小美洲」已遭大禍，無線電已毀。不可能；我所以記錄下這一段，只是反映我當時的心境而已。

二十六日星期四，依然有風有雪，冰磧飄飄，不過風在東南方停駐三天之後，一開始收斂便帶來一件好事：風化解了寒意，溫度記錄器爬升到零下十幾度，這也是三十二天來最暖和的一天。我告訴自己，不管波爾特人在何處，一定也很感激風勢漸歇。早上我聽了兩回，但「小美洲」依舊音訊杳然。我點起兩根蠟燭，頹然坐在臥舖上，望著從煙囪管吹進來的冰磧，一碰到煙囪便在滋滋作響中融化。

午後二點，我起身再試。就在我死心將要放棄的時候，波爾特的名字驀地劃破死寂。我小心翼翼地調整接收器，忽然，一長串話傳出來，雖受靜電干擾聽得模糊，卻可以分辨出是莫菲的聲音。他說得很仔細，每句話都重複兩、三次。我屏息靜氣，唯恐一喘氣就會漏失些什麼。從所聽到的片斷拼湊出來的圖像約莫可以得知拖曳車隊的情形。波爾特在出發後第三天早上，就已抵達罅谷邊上的「五十哩儲備站」，但在迂迴踽踽而行時，卻完全找不到標旗。他恪遵我「找不到路就不宜繼續前行」的指示，在欲進無路之下，終於決定折返「小美洲」。從無線電中不斷提到風這個字眼來判斷，想必是他們在半路遇上了雪暴（依後來波爾特的描述，其實是颶風），不得不暫停前進。他們等了一天才撤退。儘管如此，波爾特已準備再度嘗試。

其實無線電廣播的就是這意思，但我在心思混亂下仍不敢十分確定，於是設法發動發電機連絡戴爾，無奈剛轉了幾轉，發出幾個呼喚的字母，雙臂便全然使不上力，登時眼前漆黑一片。我五內翻攪，早上所吃的一點燕麥片全吐個精光。我無所憑恃，不得不放棄；後來，我坐在臥舖上思量，終於想到一個法子可以善用僅餘的一點力氣。

我把發電機頭從三腳架上拆下來，綁在釘在地板上的厚箱子上，如此一來，我坐在椅子上，用兩腳發動比兩手更能使力。我試了一下，結果相當滿意。雖然一踩動時發電機搖搖晃晃，但總算不必花上那麼大的力氣。此外，這種方式還有個好處：腿累了可以換手。我在當天的日記裡，自我安慰寫下結尾：「他（波爾特）安全返回『小美洲』，表現足堪嘉許，我感到無限欣慰。在我情緒極爲低潮之際，這消息來得正是時候。」

星期五，天色陰霾，溫度上升到接近零度。天氣轉暖，我的希望油然而生，因爲這時波爾特成功的機會大增。然而我在仔細衡量之後發現，既然許多標旗不是被吹倒，就是被雪淹沒，除非我先取消不得偏離路線的命令，否則他要抵達「前進基地」的機會極爲渺茫。這是我在絕望下的打算，我承認，日後我一定會感到慚愧，但在當時卻是別無選擇。我還能撐多久是個問題，尤其是無線電所加諸於我的勞累，每發動一次都好像要我的命似的。

我四處閒蕩打發時間，等候午後二點無線電連絡。我在坑道中想多找些信號煙火時，偶然發現那個幾乎已被我遺忘的七呎長、T形信號風箏組件。沒花多少時間我就把風箏組合好。之後，我靈機一動，用一長條天線當風箏尾，紮上紙和布，時間一到再澆上汽油，點火升空，當作高空烽火信號。我對這點子頗爲自豪。

午後二點，我聽見戴爾呼叫ＫＦＺ的微弱聲音。我把椅子靠在牆上，兩腳像踩腳踏車似的踩著發電機的曲軸柄，開始發出電文。大意是說，如果他們打算再作嘗試，最好趁現在天氣暖和，月光、微光和溫度條件都有利的時候改走新路線繞過罅谷；我會在風速計天線上留盞燈，並在午後三點和晚上八點會放風箏，風箏上也會懸燈。這是極費力氣的工作，我數度停下來休息。發完電文之後，我說我會盡量設法接聽他們的答覆。

回話的是戴爾還是莫菲，我不太清楚，而且除了知道請我重發電文之外，根本聽不清他在說什麼。我試發了五次，最後爲了保留一點力氣只好放棄。這時我已雙腿打顫，兩腳不時從曲軸柄滑開。我把開關轉到接收器，雖然聽見有人在說話，卻模糊不清。不過，儘管操作技術不佳，這通電文卻是出乎意料地成功（以下是「小美洲」日誌拼湊出的片段：「如果聽得見，在溫暖的時候來。走新路線附近……等待」我們等了一會兒，然後二、三分鐘內傳出了發電機的嘶嘶聲。「……走靠近舊徑的冰罅，會有燈等在外面。」我們再次等了二、三分鐘，接著：「然後在午後三點（？）和八點（？），我會升起帶燈的風箏、風箏、風箏。等等。」我們等著。然後：「……讓波爾特帶風箏來，在同一時間升起……」）。

我雖是無從得知，但這時「小美洲」已是心堅意定了。波爾特在和營地軍官磋商之後，決定急奔「前進基地」。他把小組人員減到三人：他自己、拖曳車小組長狄馬士和無線電操作員魏特。波爾特預計，沿著他到「五十哩儲備站」的新路線，此行的前半段路程應可大大節省時間；至於繞道罅谷的路線，他也想出了很有耐性的辦法。由於太過靠近磁極的緣故，不能靠一般的羅盤正確定向——一般羅盤在高緯度地區會變得不靈敏，極不可靠。況且，羅盤不能太靠近鐵器，「小美洲」還沒有人想出有效辦法，可以把羅盤架在拖曳車上（不過，勞森倒是在春季行動前及時想出獨創一格的法子：把羅盤架在拖車後的雪橇上，雪橇上的觀察員則以控制開關方式，以連在儀表板左右的兩盞燈指示司機方向）。波爾特的想法是，每隔五百碼左右造一個十呎高的雪烽塔，塔上安置以手電筒用電池發電的小電燈，安置妥當後視烽火慢慢前行。這個方法雖然肯定費時費力，卻不失爲橫渡冰罅和繞道罅谷時，仍能保持直線行進較保險的方式。

黑暗中的一線希望

時間漫漫如長河，深沉如靜潭，足以讓我悄悄浸淫其中，沒有怨懟，也不再掙扎。往者已矣，來者自然會演繹出合宜的清理方式，我唯一的念頭是，此刻肉體的存在暫時取得平衡，盡量藉由應用多時的方法保持內心平靜與安定，不要進一步危及這脆弱的平衡狀態。剩下的只是全心全意放在無線電上。雖然我也整理氣象資料、作氣象觀察、上發條，但這些都是機械性的動作，僅剩的一點敏感度和推論的能力全用在維持通訊管道暢通上，這不僅是爲了自己，更是爲了打道前來「前進基地」的弟兄設想。我從一開始就不喜歡無線電，現在更是沒來由地討厭。它每天總是會害我癱個幾小時，若是能找把鐵鍾把它給砸了（我不止一次想這麼做），也許就不會這麼飽受折騰了。但我受著道義的拘束，因爲我已啓動了某些非自己所能控制的力量；更因爲弟兄們既已擬議要從「小美洲」摸黑前來，我就不能砸掉無線電。

二十八日星期六，風有氣無力地吹到南邊便停住，下了三天的雪也停了。星期日，寒冷再度來襲，溫度陡降至零下五十七度。我聽到戴爾呼叫，但「小美洲」卻收不到我的電訊。我起先以爲波爾特又上路了，後來一聽戴爾只是重提他那耐心築雪烽塔的法子，這才知道他還沒有啓程。儘管如此，當天下午我還是發了兩通電文，使我疲憊不堪。在坑道內和樓梯下，有一加侖錫罐裝的儀器用乙醇，我倒了一大杯，加水喝下，孰料非但沒有暫時提神的作用，反而使我肝腸寸斷，腹痛如絞，腦門好像要爆炸般，一整天無法動彈。這一次痛苦經驗已夠我終生難忘。

七月二十九日

我仍然虛脫無力，但在神智昏沉當中，還是記掛著取消要波爾特別離開南徑路線的指示……這不但顯示我領導能力極差，更糟的是亂成一團。

星期一，百葉箱內的溫度爬升到零下六十四度，這表示今天只升了六度。第二天未見好轉，我到坑道拿點玉米粉進屋時凍傷了耳朵。那一天也沒聽到什麼消息。我憂心如焚，到了連絡時間便盲目地發出電文，催促波爾特不要強行穿越危險的冰罅，若是無法前進最好先折返「小美洲」。同時，我爲求心安起見，又燒了兩罐汽油，外加以繩子綁著一枚信號彈，抛過無線電天線桿外，在離地十五呎上空燃燒起來。強光並未引來任何反應。

七月就此結束。七月在極寒中結束，彷彿它本來就是寒天似的。我眼前擺著氣象紀錄顯示，這個月有二十天在零下六十度以下，零下七十度有六天。當我把月曆翻到後面時，我告訴自己：這是我第一次在坑道中昏厥後的第六十一天，情況沒有任何改變，我還是獨自一人。「小美洲」的弟兄還是欲進不得，而周遭的一切恰似廢墟：吃了一半的罐頭、結凍的食物散落一地；牆角邊一堆分解的發電機零件，是我三個星期前踹過去的；書籍從架子上翻落，我就任它躺在原地；薄冰已蓋滿了地板、四面牆壁和天花板，屋內再無一物可以讓它征服。

還好，情勢發展並非完全無可挽救，我的人生也不是完全退步。有失必有得。因爲白晝將臨；它就在北面躊躇，沿著地平線對我這別無指望的人發射動人的信號，一天一點地把黑暗推開。神蹟般擴大和成長的光明猶如無聲的序曲，告訴我太陽就在北方二十七天外，這就是我的友伴。

八月　背水一戰

我把風箏放在陽台上，梯子底下擺了一綑捲得整整齊齊的繩子。此外，我把剩下的六枚鎂光火燄彈也搬到梯子底下。這番準備頗有背水一戰的意味。

八月始於星期三，天色暗得嚇人。我第一次見到氣壓計降得這麼低。氣壓降到二十七·七二吋，記錄筆滑出記錄紙外。氣壓急降，不免予人羅斯冰盾上的空氣都被吸光的感覺。除了風速計在微風中輕旋、不久後便戛然而止外，並沒有發生什麼事。但我整天都覺得羅斯彷彿在屏息等候颶風呼嘯而來似的。

大自然的不確定性使我心情大受影響。我坐立不安，第一次瀕臨眞正失去自我控制的邊緣。我把上次用過後擺在門外的空罐加滿油，從坑道取來至少可以支撐二星期的存糧。這額外的工作使我不勝負荷，但不做完我不會也不能罷手。習慣和需要促使我機械似地做了不少事；我完全不由自主。

五天沒有「小美洲」的任何消息，加深了我的憂懼。因爲我知道波爾特可能已經上路，甚至就在附近。我鼓起餘力再燒一罐汽油。四野寂寥，毫無動靜。我上床休息，時時夢見拖曳車隊和冰罅，也夢見屋內擠滿不友善的陌生臉孔，阻斷了迷濛卻又是我熱切盼望的景象。

八月二日

今天仍然沒有消息，但爲求保險起見，我還是在午後和晚上各燒了一罐汽油。最低溫度從昨天的零下五十二度，飆升到上午十一時的零下二度；有薄霧，無風。

八月三日

天可憐見，波爾特仍安然待在「小美洲」，我胡亂調弄無線電，好像也有點效果。電文在今天見分曉：波爾特還沒離開，但只要海涅斯的氣象報告適合，他隨時準備動身。「小美洲」白霧茫茫，此地倒是晴朗無雲。正午時北面天空呈現殷紅，羅斯海方向則是黃澄一片。今天早上最高氣溫是零度，現在（午後十點）則是將近零下四十度。光線一天比一天充足，這可以減輕波爾特發生危險的機率，但就我自己而言，似乎已經麻木，已經不再擔心了。

戴爾在另一頭想必等得極不耐煩。無法回答「小美洲」的緊急問題的確令人覺得悽惻難言。我不得不稱讚戴爾和哈奇森耐性過人。

八月四日

波爾特已經動身。我在今天下午得知，他帶著兩個月的配糧和充分的儲備油料，已在五個小時之前出發。幾乎沒有風，溫度也固定在零下三十度左右，天氣可說是相當不錯；此外，波爾特再次南行的事實也突破麻木狀態，使我的希望再度燃起，心跳也為之加速。

星期日，這是我亟思從記憶中抹去的一天。我一覺醒過來就感覺不對勁，病懨懨地不想吃，也不想做任何事。我處理一下自動記錄器，但眼睛一直折騰我，最後，我頹然坐在爐子旁的椅子上，不料等到正午連絡時間卻傳來壞消息：波爾特在「小美洲」靠近阿曼森灣的冰罅上進退維谷。他找不到上一次安全通行的路線，而且在試圖另闢新路時迷路了，還得把陷入冰罅凹窩中的拖車設法解救出來。

由於接收器再次故障，我花了點時間才將這些連絡內容弄清楚，再綜合莫菲和海涅斯的報告，歸結到問題還相當嚴重。既然波爾特在距「小美洲」不到十哩處碰上大麻煩，爲什麼不設法助他一臂之力？我心神一緊，立刻發出電文：「查理、比爾，這到底是怎麼回事？不能出動另一部拖曳車協助嗎？動用所有資源！」

在我調整耳機的時候，莫菲的聲音傳了進來。我的憤怒盡去，懊悔齊湧心頭，我恨不得收回剛才那番話。我這位朋友說得很仔細、很從容，甚至帶著些許譴責的意味。我雖然不完全記得他的話，大意倒是記得很清楚。他說，在他看來，波爾特的處理方式極爲謹慎，也極爲合理；另一部拖曳車從波爾特一啓程就隨時待命，而且跟基地時時保持連絡。他們建議波爾特帶全套露宿裝備，但被他斷然拒絕，可見必是已有萬全準備，因此毋庸過慮，那部拖曳車很可能在幾個小時內就可以繼續上路。最後，莫菲以他一貫不動聲色的口吻說道：「迪克，其實我們比較擔心的是你。你生病了嗎，還是受了傷？」

我顧左右而言他，回答我已了解拖曳車的全盤狀況，偏在這時我先是兩腳無力，接著兩手疲軟，電文只發了一半。莫菲說，他們只收到一部分，而且幾難辨認，接著再度問我是不是出了什麼問題。這下我可無法迴避了。手臂受傷的老詞兒也派不上用場。莫菲追問不休，甚至說要派個醫生過來。「不用擔心，」我終於回答道：「只是拜託別再讓我發動發電機就行了。」

這些話都忠實地記錄在「小美洲」的日誌上，戴爾還附加一段他個人的想法：「柏德似乎每發幾個字就體力耗盡」，看來我的閃爍之辭只能欺騙自己而已，騙不了別人。莫菲雖深以爲憂，但仍然裝作對我的答覆很滿意的樣子。「我們了解發動發電機很費力，」他說：「不必爲我們或波爾特操心。明天見。」

八月六日

今天正午，波爾特只南行二十一哩。打從昨天脫離了冰罅凹窩之後，拖曳車機件故障不斷：離合器滑動得厲害，用以驅散熱度的風扇皮帶已用罄，莫菲認定波爾特只怕已自身難保。我發出一通安慰的電文，戴爾回稱收不到，我的訊號太弱了。他機伶地建議說，我用不著大費周章去發動，除非有重要的指示，否則只要發OK兩字，就表示我無恙。我連發了二、三個OK之後，關機休息一整天。

我爲昨天所說的話深感慚愧。我質疑「小美洲」的判斷能力和效率，對朋友是極大的不公平；他們自有分寸，而且相隔兩地的我有什麼權力干涉。我的懊悔還不僅止於此。獨居六十六天之後，我已失去自制，時時會流露出不耐煩的情緒。

我無從得知「小美洲」作何感想。莫菲故作無事狀，也許是在掩飾什麼；這才是最讓我苦惱的地方。我最不願見到的是，讓這次行動演變成蘊藏無數風險和屈辱的救援行動。同樣地，我也對自己說這些話感到十分可鄙。因為這件事已不是一時的自尊或面子的考量，而是經過冷靜的評估。萬一他們因貿然採取行動而出了什麼差錯，我脫身的機率也會大受影響；羅斯冰盾不是惶憂、焦慮的人能待的地方，所以，我擔心掛念絕對是出於私心。很顯然地，「小美洲」的執行官已深入考量各種可能的風險，若是貿然行動不啻是辜負我和他們的手下……

儘管如此，我還是祈求上蒼無論如何作個了斷。我可受不了一下希望滿懷，精神振奮，一下卻失意消沉。我恢復元氣的資源一天天減少，大部分得歸咎於無線電。不斷地發動發電機使我心力交瘁，每回連絡一結束，我總是跌跌撞撞地瀕於無助狀態。一個人長久處在這種悽慘狀態下，必然會屈服。我再次淪陷入一無所有的境況。

我該上床休息了，支撐我的只是明天晚上他們就會找到這裡的憑空想像。我心知這是我的奢望，特別是在聽了莫菲令人喪氣的報告之後。最糟糕的是，寒冷加劇：現在接近零下六十度。

星期二，是令人心碎的一天。莫菲以平淡的口氣通知我，波爾特不得不又折返「小美洲」。這一趟南行二十六哩，約莫只是第一次的一半距離，離合器就已完全失效，波爾特能安全回到「小美洲」已相當走運了。「很可惜，但事實如此。」莫菲說道：「他們正在睡覺。車子正進行全面整修，午夜前可以修好。」

我回答說，他們做得很對，不必急在一時，否則恐怕欲速不達。

「請再發一遍，我們沒收到，」小美洲說道：「約翰說你的發報機沒有調準。」

禍不單行，我的發報機壞了。以前我雖收不到「小美洲」，但起碼「小美洲」還可以收到我的電文。現在情形剛好相反，我聽得很清楚，他們根本收不到。「等一下。」我說。我趕忙檢查發報機，作了些調整後再試。

「還是不行，」莫菲說道：「沒關係，明天之前修好就行。我們同一時間再見。這二天不必費心點信號燈。」

這天早上，我真的束手投降了。我在日記裡寫道：「救援和弟兄們的安全顯然無法兩全其美……寄望太高是一大錯誤……今天我終於想通，三人小組當中，一位是我多年船友彼得．狄馬士，另一位是我完全信賴的巴德．魏特，波爾特和這兩人折返小美洲必然有他不得已的理由。」

我跟所有人一樣，希望雖已落空，心中隱伏的動物本能的韌性卻不容我就此灰心喪志。我從他們第一次南行開始，就一直在準備信號彈和火罐，現在我以一小時一趟的速度，把十幾罐汽油搬到地表上。這幾罐信號火罐有蕃茄罐頭罐，也有削掉頂部的汽油錫罐，搬到地上之後用紙蓋著，再以雪塊鎮壓，以防冰磧吹入，然後擺在屋頂上的臨時工作檯上。我把風箏放在陽台上，梯子底下擺了一綑捲得整整齊齊的繩子。此外，我把剩下的六枚鎂光火燄彈也搬到梯子底下。這番準備頗有背水一戰的意味。

爲了做這些簡單的準備，我不得不暫時到屋外，這對我也大有好處。此外，白晝的景象更令人振奮：天氣晴朗又不太冷，正午時只有零下四十一度。無可否認地，白晝帶著太陽系沛然莫之能禦的力量逐漸升起，我和「小美洲」之間的暗漠頃刻間截然劃分爲二；晨曦似的珍珠光擴大且轉變成殷紅和澄黃色，不免使我想到這是爲太陽舖陳的光景。距太陽出來只剩三個星期了。我想像日出光景，但這意念太浩瀚了，不是我所能理解的。

八月八日

今天早上，波爾特、狄馬士和魏特第三度出發。天氣明朗，光線充足，溫度也還可以：一大早是零下五十度，十點左右回升到零下三十度，現在則是穩定地維持在剛好低於零下四十度。

莫菲興奮雀躍。「迪克，我想這次他們可以突破難關。信號燈繼續點著。」他說。唔，還是靜觀其變吧，我可不能容許自己再在希望倏起倏滅中沉淪。可惜的是，我跟「小美洲」只能單向連絡；我聽得很清楚，但他們卻收不到我的電文。我已經把發報機分解檢查，今晚得再試一次。

化被動爲主動

第二天是星期四，我一醒過來時，即抱持定不移的信念：這次肯定會跟前兩次一樣，終究會以失敗收場。這是預作負面的想法，我了解自己爲何會採取這種態度：這是避免再一次失望心痛的預防機制。奇怪的是，我並未眞的感到絕望，反而認爲這才是不折不扣的務實態度。此行成敗跟我個人的安危關係已經不那麼重要。我認爲，不管此行結果如何，不管他們是否到得了「前進基地」，我個人所得極爲有限；拯救我的價値已幾近於零。唯一不容改變的是：探險隊的聲譽，以及在我和「小美洲」之間奮力行進的三個人的安危。

天氣不算挺好；氣壓雖已悠悠上升，但天色依然陰霾，風向計指著東方，正是暴風醞釀區。不知雪暴或再度來襲的寒冷是否會使得小組人馬受困於「小美洲」和「前進基地」途中，這個疑慮又逐漸在我心中升起。我變成看戲的人，主角身旁危機四伏已是顯而易見，但因決斷權操在別人手中，令我無法出聲警告。

「小美洲」顯然也瀰漫著同樣的不確定性，下午再連絡時，戴爾的口氣急促而緊張。從他的口氣來判斷，莫菲大概是出去滑雪了。接替他報告的是比爾·海涅斯。我只能聽出波爾特的行進還算順利。「天氣如何？」我說道。「告訴他們快馬加鞭。」天氣即將轉壞，我希望南行小組儘快離開羅斯冰盾。

「我了解。」海涅斯答道：「他們可以照顧自己，不會有事的。」

接著由莫菲報告。他的聲音雖然比較清楚，但依然大部分聽不見。最後，他特別通知我說，另一部待命的拖曳車隨時可以出動支援波爾特，萬一拖曳車故障的話，鍾恩和保林可以在四十八小時內出動飛機。莫菲跟我相交多年，彼此相知甚深，因此他雖然話留三分，我卻已察覺到他焦慮不安。「謝啦，」我答道：「你們可千萬不能出岔子，不可鹵莽行事。」

後來，我裹著毯子坐在爐子旁等候時，大概是打了盹，一張眼卻見屋內全暗了下來。我忘了加油，防風燈已油盡燈熄。我摸索著拿到手電筒，一看腕錶，正是四點鐘無線電連絡時間。一室闇黑，我聽見莫菲說，波爾特已南行四十餘里，而且行進顯然頗爲順利，至於其他就聽不清楚了。我彷彿聽他提到「光線」，以及問我是否需要看醫生。很顯然地，「前進基地」的狀況他已經心裡有數，我再瞞騙也誤導不了他。話雖如此，我還是答道：「不必，不必。」在這否定的回答中，我們結束一天的連絡。

往後的幾小時宛如蝸牛爬行，好像是慵懶的鉋木工人削下的一片片木屑落下。我在屋內踱著方步，純粹是因爲必須活動活動筋骨。我到上頭一次，但見除了南方之外悄寂無風，天色也十分晴朗，但寒意又起，溫度從正午的零下十六度再次逼近零下三十度。我心想：波爾特已有一次經驗，這點寒意還撐得住。我在闔上頂門之前不禁看看北面天色，暗暗爲他們三人祈禱。

晚餐吃了點熱湯、餅乾和馬鈴薯，確定不會反胃之後便爬上床去。我沉思良久。我一股勁排斥的可能性，如今已是不言自明：亦即，「小美洲」已經一致認定我有麻煩，波爾特與其說是前來作流星雨觀測，倒不如說是來搭救我。若眞是如此，他一定會堅持到底，不理會過了罅谷後的標旗狀況如何。他們一直提到信號燈的原因，由此也就不難理解了。他一安全繞過罅谷之後，必然會以羅盤航向方式，依著十五到二十哩外便可看見的信號燈，全力往「前進基地」而來。

我看出箇中的風險：萬一我昏死過去，波爾特少了信號燈的引路，很可能到了「前進基地」百碼外也看不見。這在暗夜中是很可能的事，而一旦他們倉促間再向南推進，那就眞的有大麻煩了。誠然，他們知道自己的處境，波爾特也可以藉由星光判斷自己所在位置；不過，這在極寒的天候可不是件容易的事，若遇到天色陰霾的話更不可能。屆時波爾特唯一的辦法是標出一個特定地區，再以交叉方式行進，一直到找到「前進基地」爲止。如此一來，一旦所花時間更久，行走未經探測過的冰罅地區風險也會倍增。

因此，有件事我不能不做。也就是，我不能只當個被動的標的，更須主動出擊和他們合作。我的任務猶如危岸邊的燈塔守望員，必須隨時守護，但因僅餘的氣力幾已耗盡，是以我必須保留餘力，不能像以前一樣，在波爾特距離仍遠時，就浪費精力燃燒汽油罐。於是我打起精神爬上臥舖，點起蠟燭，仔細盤算他們可能抵達的時間。午後四點，他們從「小美洲」出發三十七個小時，走了四十哩左右，平均速度是一小時一哩多一點。他們還有八十哩路要走，即便是最順利的情況，時速也不可能超過五哩；縱使上帝恩典，他們眞的能以這種速度行進，最快也得到明天早上八點才會抵達。

這雖只是如意算盤，但我不能不準備迎接任何可能的結果。因此，我決定早上七點先放風箏，然後每隔二小時燒一罐汽油。這已是竭盡我所能；其實，我很懷疑自己可能力有不逮。總之，我得小睡片刻。我久久不能成眠，一睡著，夢中盡是冰罅幻境、踉蹌人影和縹緲搖曳的燈火。

三人小組抵達「前進基地」

早上我悚然驚醒。平常要鑽出睡袋總是拖拖拉拉，在毅力和絕望間作天人交戰後才能起身，這次卻是猛然警醒。我盡快穿上衣服、生起爐火，緩緩爬上地表。這時，我手錶時間是七點半。天色昏暗，東邊天際烏雲密布。我習慣性地望向北邊，這次我確實看到燈光晃晃；為了保險起見，我閉上眼睛，然後張開眼再看，詎料燈光已不見蹤影。我已不知上了星光多少次的當，這次很有可能也是星光誤導；但是，我不以為然。這一個信念使我氣力頓生。

風箏就在梯子底下。我用根繩子把它拉起，把長長的尾巴浸在汽油中，留下一張幾呎長的乾紙條權充引線，藉此我才有時間在風箏尾著火之前將風箏升上空中。接著，我試了下風向，只有東南方吹來微風。為了節省體力，我先爬行約莫二百呎——我多日來走動的最遠距離，挖個小坑，把風箏插在坑裡，再在四周堆雪支撐住風箏。然後，我把風箏尾巴攤平，點上火。我雖已加快速度，但還沒走到另一頭汽油便燒了起來。

我沒有力氣奔跑，只是雙手交替猛然把風箏往上扯。我的運氣不錯，一扯之下，一陣風帶起風箏；我使勁地拉著線頭，風箏冉冉升上一百呎左右。風箏帶著熊熊燃燒的尾巴，在夜空中搖擺，看在眼中感到十分滿意。火光持續約莫五分鐘後化成一道白熱細線，然後掉落下來。北方沒有反應。我收回風箏，往那一排汽油罐走去，連續燒了兩罐，同樣沒有反應。興奮過後，我累倒了，一時之間沒有餘力再走動，只是坐在雪地上暗自思忖。我這信號二十哩外也看得見，波爾特既然沒有回應，就表示他沒看見，換言之，我起碼可以休息四個鐘頭再發信號。

回到屋內，我在無線電旁駐足，聽了十分鐘左右，心存僥倖，以爲「小美洲」可能會廣播。可是毫無動靜。這時，水桶裡的雪已經化開，我沖了杯熱牛奶喝完覺得精神大振，便留下防風燈，鑽進睡袋。我斷斷續續地打著盹，好幾次恍若聽到拖曳車的履帶聲響，仔細一聽，不過是冰盾內部嘎嘎的響聲；好幾次，天線在風中嗚嗚作響，也令我產生錯覺。晌午時分，我拿起望遠鏡再到上頭；晨曦很強，我算了一下，起碼看到十幾面標旗，顯示這時能見度甚佳；東北四象角部分，也就是天頂位一半的地方，雖然紅光滿天，但全無動靜。

我依固定時間和「小美洲」連絡時，莫菲一副喜不自勝的樣子。六個小時之前，波爾特連絡說，罅谷已繞過一半，最要緊的是，他已找對了路；標旗果然看得很清楚。波爾特正在翻越圓丘，預料不會再有大問題。「這是許久以來最好的消息了，」莫菲說道：「我們在三點四十五分會再跟他們連絡，到時再向你報告。」

一個小時後，我打起精神推開頂門，再到上頭燒了一罐汽油。沒有回應；不過，這時我本就沒指望這麼快會有回應。四點，「小美洲」興奮地呼叫。波爾特已到了南方四十三哩外，正沿正確路徑行來。「根據報告，發電機的電刷故障，但波爾特有把握不會因此延擱。祝你好運，迪克，別忘了繼續發信號。」我沒有回電，生怕一發動發電機會有不測後果。

戴爾收播時說，四個小時之後再找我，我則忙著收攝心神。如果依莫菲的推測，波爾特運氣好的話，八個小時之後可以抵達「前進基地」，最慢則是明天一大早。這前景太過迷漫，一時間無法想像；這情況就像是事先知道自己可以重生，其間不會再有死神騷擾一樣。我覺得莫菲太過樂觀：波爾特還有三十一哩路要走，而他已上路六十一小時，平均時速不過一點五哩，即便是以最後二十四小時的平均速度二哩來算，他距離「前進基地」仍有十五個小時的路程，因此他在明晨七點前抵達的可能性不大。

儘管如此，爲了愼重起見，我還是爲他們可能提前抵達預作準備。五點左右，我爬上梯子，只見天色相當晴朗，但晨曦已逝，羅斯冰盾顯得出奇的黑暗和空闊。我燒了一罐汽油，不出所料，還是一樣沒有回應。我下屋休息一個鐘頭，順便打起精神看看赫格希默（Joseph Hergerheimer，一八八〇～一九五四，美國著名作家，著有小說、傳記、文藝評論多種，主要作品有：《三代黑皮膚的彭尼家人》、《爪哇角》、《巴里沙》等長篇小說——譯注）的《爪哇角》（*Java Head*），但總覺得心神不寧。六點，我再次推開頂門；這次我是眞的看見了。沉寂的北面，一道光柱從冰盾上竄起，垂直上升再落下，接著再竄起，直衝星空，旋即落下。這無疑是波爾特的探照燈，我初步推斷，他可能已到了十哩開外。

我雀躍莫名。我拎著一枚鎂光火燄彈，急急往風箏走去，匆忙間差點摔倒。我把火燄彈綁在風箏尾巴上，依樣畫葫蘆地猛然一扯，風箏飛起七十五呎高。鎂光耀眼，燒了五分鐘左右，我一直看著東面，卻不見任何反應。火燄燒完後，我任風箏墜地，在雪地上坐了半個小時，只是定定地望著北面。黑暗明顯地加深。剛才分明看到探照燈，但在屢經失望挫折之後，我已經將信將疑。我必須作明確的決斷。這等待，來來去去和驚疑不定，令人難以忍受。這時距我第一次昏厥已有七十一天，此刻已到了脆弱人性所能忍受的極限。

我身形一動想要站起來，卻已氣力全消，只有爬到頂門邊，直接溜下梯子，爬上臥舖。我累得很，但又不能躺著不動，半個小時後，我再次一步一停地爬上梯，一面告訴自己：這次準能看見探照燈光。然而，羅斯冰盾一片闇暗，看不到燈光。他們一定已看到風箏火燄，只是覺得沒有必要回信號確認罷了。我看不到任何東西，也沒聽到什麼聲音。我燒了罐汽油，汽油燒盡之後，再把火燄彈杵在雪地上點燃。徒勞無功使得我腳步益發沉重。時間一分一秒過去，到了七點三十分，幾顆星星鑽出雲層。他們在哪裡？我小心翼翼地再點一罐汽油，等它慢慢燒盡。他們也許已紮營過夜。但是既已如此接近「前進基地」，他們應該不致出此下策。我在沮喪之中，不免想到最壞的可能：拖曳車故障、起火，甚至掉落冰罅中。

溫度記紅標直落到零下四十度。我滿心沮喪地拿起耳機時，莫菲已經報告到一半。波爾特從四點以後就沒有再連絡。耳機從我手中掉落。可惜我沒再聽下去，因爲莫菲想告訴我的是，這可能是好現象：必定是波爾特認爲已接近「前進基地」，應該盡快趕路，不必把時間浪費在廣播上。我已氣窮力竭，神智模糊，待我回過神來，赫然發覺自己半趴在臥舖上。

我是在八點三十分冷醒的。我用力爬上床，拉起毯子，一睡就是一個半鐘頭。我心想得去發信號，趕忙往梯子走去，但勉強爬到一半就頹然倒地。我急思對策。我得提提神，而前次的經驗使我排除以酒精提神的可能性。接下來的情形我已記不太清楚。醫藥箱裡有一瓶含有番木鹼（strychnine，生物鹼的一種，有興奮神經系統的功用——譯注）成分的連二磷酸鹽，瓶子旁有張紙列明成分和使用劑量：一茶匙泡一杯水。我把已經結凍的藥水放在水桶裡化開後，舀了三匙沖了一大杯，接著又喝下三杯濃茶。我感到頭重腳輕，不過氣力似乎恢復了不少。

我拿了一枚火燄彈和一截軟線，爬出頂門後趁著力氣未消失前，把軟線抛過兩根電線桿間的天線，一端綁上火燄彈，點燃引信後猛然扯到天線上頭。耀眼火光熄滅後，我眨眨眼往北面望去。暗沉沉的地平線上，探照燈光緩緩地上下移動。可能又是幻覺。我坐下，毅然看著相反方向，待我起身再看北方時，但見一道扇形光束仍然上下移動。我立時發覺這第二道燈光，比第一次固定，光度較弱，顯然是車頭燈。

的確有人迎面而來。不多時我就可以看見老朋友，聽見他們交談的聲音，兩個半月來只存在於想像中的死裡逃生之念，如今即將成爲事實。這燈光對我的衝擊眞是一言難盡，在我一生當中，只有一次經歷差可相提並論，那是在橫渡大西洋飛行快結束時。當時，我們在濃霧和暴風雨中渡海，到了法國沿岸時碰上連續暴風，雨更大，霧更濃，因此雖然到了巴黎，卻不得不退回岸邊，以免降落時危及自身和他人；燃料幾乎耗盡，四人已筋疲力竭，若迫降準是必死無疑。我們在空中盤旋到第四十四小時之際，驀地看到岸上一道迴旋的燈火，原來是維蘇麥（Ver-Sur-Mer）燈塔的探照燈。看到拖曳車探照燈的感受與當時相似，只不過這次等待的時間更久，所受的折磨更大罷了。在這奇蹟似的瞬間，我感到自己彷彿是再世爲人，所有的絕望和六、七月間的折騰頓時消失無蹤。

燈光驟然消失。想必是車子駛下冰盾上常見的窪谷，燈光被山脊擋住了。換言之，拖曳車離這裡還有段距離，也許還得再花上兩個鐘頭。我再燒一罐汽油，又點燃一枚火燄彈，然後下屋去，打算爲三位客人準備點心。我倒了兩只湯罐在平底鍋上加熱。

我再到頂門觀望時，已能清楚地看到探照燈；清楚得可以斷定探照燈是安在駕駛座旁邊。不過，依我判斷，他們仍在五哩開外，這一段路得再花上一個鐘頭。於是我坐在雪地上，等候這樁大事的結果。我聽見清澈顫動的空氣中傳來履帶隆隆聲，接著是嗶—嗶—嗶的喇叭聲。不過，車子還遠，我又覺得寒意逼人，於是便下屋去，窩在爐火旁一會兒。奇蹟當頭，令人坐立難安，但爲避免昏厥過去，我不得不強迫自己坐下。我打量一下屋內，心想再過幾分鐘就大不相同了。屋內髒亂異常，要是讓波爾特他們看到實在難爲情，但我除了勉強在雜亂中闢出通道外，已經無力再作整理。

午夜前幾分鐘，我再到上頭。他們已經距離很近了，我可以看到拖曳車龐大的影子，於是點起最後一罐汽油和最後一枚火燄彈迎接。火光將盡時，車子在約莫一百碼外停下，三人跳下車來，中間的波爾特一身皮衣，身形足足大了一倍。我站起身，但不敢走上前去。我只記得自己不停地揮手，但魏特堅稱我當時還說：「哈囉，老兄，快到下頭，我給各位準備了熱湯。」若是此話不假，我只希望自己不要太矯揉造作。事實上，我心中的感受不是言詞所能形諸於外的。據說我在梯子下就昏倒了；這點我只有模糊印象，竭力掩飾自己弱不禁風的情形，我倒是記得比較清楚。不過，我記得自己坐在臥鋪上，看著波爾特、狄馬士和魏特大口喝熱湯，大口吃餅乾；我還記得他們嘰哩呱啦，只是不知道他們在說什麼。我還記得他們好像在說著我所不熟悉的話，在我聽來大部分是毫無意義，因爲他們長時間相處在一起，經驗相同，他們談話中彼此心照不宣，我卻是外人。

不願承認困境

這是一九三四年八月十一日午夜過後不久的事。兩個月零四天之後，我回到「小美洲」；這對我們都有好處，一則是可以擴大氣象觀察紀錄，再則是這段時間雖然漫長，但我的體力也不可能提前動身。搭拖曳車回「小美洲」，我可能無法承受，此外，我又不敢冒險搭飛機，因爲在這一帶迫降是常有的事，我同樣經不起折騰。這還多虧波爾特自制力甚強，絕口不提我幾時要回去的問題，就連一直充當中間人的莫菲，也是到了探險行動需我作最後裁決時才說：「事情發展順利，我們都喜不自勝。」他以無線電通知波爾特。「請告訴他，只要他一聲令下，探險隊立刻可以出動。」

拖曳車抵達後的這兩個月，我很開心，其他人卻感到難過。眞的，四個人擠在一間小屋裡，一舉一動都不免礙著別人，晚上他們就躺在睡袋裡，打地舖並肩而臥，那情形跟當兵時沒有兩樣。狄馬士和魏特輪流炊事和整理內務，波爾特則負責照料氣象儀器，繼續氣象觀察。他們有好長一段時間什麼事都不讓我插手，老實說，除了一些必要的客套之外，我並不堅持。不需作任何改變，再好不過了。我心頭陰影盡去，一如羅斯冰盾上白光湧現，黑暗漸褪。我許久才逐漸恢復體力，體力一恢復，體重也隨之增加。

不過，除了面子問題，還有我自己也無法解釋的理由，使得我盡可能隱瞞自己虛弱的眞正程度，我絕口不提，也絕不承認。他們也不加以說穿，不過在整理屋子時想必已心裡有數，只是一直沒說而已。護衛領導能力的本能，以及對自己弱不禁風的羞愧感，使得我築起一道牆阻隔這一段往事，既不希望有人踰牆窺探，內心深處更有個莫名的念頭使我不願接受自己被人搭救的想法。

自尊可以自行設想出種種理由。我一直認定，不管拖曳車來不來，我自己一個人也能撐下去；若不是那惱人的發電機，我的確可能撐下去。不過，這不是重點。重點是我亟須援助，而我所能做的僅是向波爾特、狄馬士、魏特和莫菲表達我永誌難忘的感激。

十月十四日，保林和施洛斯巴哈開著「朝聖者」從「小美洲」飛來。這時，太陽已高掛天空。保林告訴我，雪橇隊已準備開始接下來三個月的行程。波爾特表示要跟我一起飛回「小美洲」，魏特和狄馬卸下記錄滾筒上的記錄紙，再將個人裝備和氣象資料搬上拖曳車。我爬出頂門，毫不回顧。我把自己的一部分留在這南緯八十度零八分之地：如僅餘的青春、虛榮乃至懷疑；另一方面，我也帶走了以前不爲我完全擁有的：對純然之美的感激、生存的奇蹟和不值一提的價値觀。這已是四年前的往事，但文明改變不了我的觀念，如今我過得更簡樸，也活得更自在。

結束「前進基地」的故事之前，我還得再提一樁那段經歷的教訓。我一回到「小美洲」，便迫不及待地想負起領導的重責大任，但過沒多久就發現，有些事畢竟不是我所能掌控的。醫生告訴我，若是由我來飛，只會自貽其禍。因此，我在實際指揮第一次和第二次重要飛行之後，就安分地留在地上，把飛大「神鷹」的棘手任務交給勞森。當時勞森只有二十四歲，我記得沒錯的話，那時他只有一、二次的飛行經驗，但表現卻幾近完美。我只提一句，在他身旁兩位海軍老駕駛對他的判斷未置一詞，就是對他最好的讚詞。因此，我的結論是：一個人唯有承認自己不再是不可或缺，才能臻於眞智慧。

國家圖書館出版品預行編目資料

獨自一人：南極洲歷險記／李察·柏德（
Richard　E. Byrd)著　；　杜默譯. -- 初版. --
臺北市　馬可孛羅文化出版　：城邦文化發行
，2000〔民89〕
面；　　公分．--（探險與旅行經典文庫；
3）
譯自：Alone
ISBN 957-8278-36-5（精裝）．

1.柏德(Byrd, Richard Evelyn, 1888-1957)
- 傳記 2. 南極洲一描述與遊記
779.9　　89003410

「探險與旅行經典文庫」 003

獨自一人
南極洲歷險記
Alone

作者 李察・柏德（Richard E. Byrd）
譯者 杜默
策畫／選書／導讀 詹宏志
執行主編 郭寶秀
責任編輯 黃美娟
封面設計 王小美

發行人 凃玉雲
出版 馬可孛羅文化事業股份有限公司
E-mail:marcopub@cite.com.tw
發行 城邦文化事業股份有限公司
台北市信義路二段213號11樓
電話：(02)2396-5698 傳真：2578- 9337
郵政帳號 1896600-4 城邦文化事業股份有限公司
香港發行所 城邦（香港）出版集團
香港北角英皇道310號雲華大廈4/F, 504室
新馬發行所 城邦（新、馬）出版集團
Penthouse, 17, Jalan Balai Polis, 50000
Kuala Lumpur, Malaysia
排版印刷 中原造像股份有限公司
登記證 行政院新聞局局版臺業字第1230號
初版 2000年4月26日
定價 480元

ISBN: 957-8278-36-5 Printed in Taiwan